TABLE DES MATIÈRES DU FICHIER D'ÉVALUATION

TABLE DES MATIÈRES DES JEUX ET ACTIVITÉS COMPLÉMENTAIRES

FICHIER D'ÉVALUATION

INTRODUCTION

Ce fichier est en rapport direct avec la philosophie de *JUNIOR PLUS 1*. L'évaluation y est conçue comme un moment actif et formateur au même titre que n'importe quel autre exercice d'acquisition de la langue étrangère. C'est pourquoi les évaluations, qu'elles soient de type diagnostique, sommatif ou formateur, qu'elles soient réalisées par le professeur ou sur le mode auto-évaluateur, visent avant tout à détecter les éléments qui permettront d'améliorer le processus d'apprentissage. En outre, elles donnent la possibilité d'obtenir les notes nécessaires au suivi institutionnel.

Dans ce sens, on a cherché à fournir au professeur des **outils supplémentaires pour l'aider à mieux connaître le potentiel de sa classe, à faire progresser ses élèves et à les entraîner dans la voie de l'autonomie, à travers l'auto-évaluation et la co-évaluation.** Le plus important pour l'enseignant est de partager avec l'élève ses critères d'évaluation, d'analyser avec lui les résultats obtenus et de l'aider à gérer ses erreurs.

Les fiches qui suivent s'ajoutent aux nombreuses fiches d'évaluation présentes dans le Livre de l'élève (**Bilan oral** à la fin des Dossiers 1, 2, 4 et 5), et **dans le Cahier d'exercices** (pour les Dossiers 1, 2, 4 et 5, test **Infos, Test de compréhension orale, Bilan écrit et Auto-évaluation**). Par ailleurs, **le Livre du professeur** contient, dans son introduction, une rubrique approfondie sur la conception de l'évaluation dans la méthode.

On trouve dans ce fichier :
- Des fiches supplémentaires d'évaluation de l'oral et de l'écrit accompagnées de grilles d'évaluation pour le professeur.
- D'autres fiches plus générales : certaines destinées à évaluer les progrès accomplis dans le domaine des attitudes et dans la tenue du cahier personnel, d'autres permettant aux élèves d'auto-évaluer leurs savoirs et savoir-faire, dossier par dossier.
- Deux enquêtes à faire en début d'année, qui offrent la possibilité de mieux connaître le groupe-classe et de diagnostiquer ses motivations.
- Une enquête à réaliser en fin d'année, qui permettra de faire réfléchir l'élève sur les acquis de l'année.

1. ÉVALUATION DE L'ORAL

Deux types d'évaluation de l'expression orale ont été conçus :
- **Questions pour une interview**, qui portent sur les contenus de chaque dossier.
- **Expression orale en tandem**, une série d'activités à réaliser à deux, interactives ou coopératives, et dont le professeur pourra se servir pour effectuer une évaluation de l'expression orale plus spontanée.

1.1. QUESTIONS POUR UNE INTERVIEW
Suggestions d'utilisation :
- Option a) Le professeur réalise l'interview <u>individuellement</u> après la préparation collective du Bilan oral du Livre, à la fin des Dossiers 1, 2, 4 et 5.
- Option b) Interview <u>simultanée</u> : le professeur choisit dans la liste 5 ou 6 questions à poser à chaque élève, à tour de rôle, en les faisant passer par groupes de 2 ou de 3.
- Option c) Interview <u>mutuelle</u> : le professeur distribue la liste de questions aux élèves qui pourront préparer questions et réponses chez eux ou en classe. Au cours de l'évaluation, chaque élève choisit 5 ou 6 questions à poser à un autre élève qui lui répond. Le professeur assiste à cette interview et prend des notes pour les évaluer en utilisant une grille d'évaluation.

1.2. EXPRESSION ORALE EN TANDEM
Les fiches d'expression orale à réaliser en tandem, qui peuvent être utilisées pour l'évaluation, se trouvent dans les **JEUX ET ACTIVITÉS COMPLÉMENTAIRES**.

Suggestions d'utilisation :

Ces activités peuvent être réalisées au moment où le professeur le jugera opportun, selon le niveau de connaissances des élèves. Ce sont des situations motivantes de réemploi de l'oral. Grâce à leurs connaissances en français et à leurs moyens d'expression non verbale, les élèves auront à résoudre un conflit, un problème, à mener à bien une tâche ou à participer à un jeu. Ces activités doivent se dérouler dans une ambiance ludique et décontractée pour amener l'élève à s'exprimer le plus librement possible.

Chaque élève dispose d'une tâche à réaliser ou d'un rôle à jouer différent de celui de son partenaire.

Chaque activité est pourvue d'une fiche pédagogique pour le professeur dans laquelle se trouvent détaillées : la description des contenus linguistiques mis en œuvre ; les tâches à réaliser ; des suggestions d'utilisation.

Dans le cadre de l'évaluation de l'oral, le professeur profitera de ces activités pour observer le niveau d'expression des élèves grâce à la grille correspondante.

S'il prévoit de noter l'évaluation, il aura soin d'en avertir les élèves à l'avance, de bien définir avec eux les contenus à réviser et d'expliciter les critères selon lesquels ils seront évalués.

1.3. GRILLES D'ÉVALUATION

Ce fichier propose une grille d'évaluation de la compréhension orale et deux grilles d'évaluation de l'expression orale. On trouvera, au verso de chacune d'elles, des conseils d'utilisation.

2. ÉVALUATION DE L'ÉCRIT

Deux types d'évaluations supplémentaires de l'écrit ont été conçus :
- Des **bilans écrits** semblables à ceux du Cahier d'exercices et portant essentiellement sur les contenus lexicaux et grammaticaux étudiés dans chaque dossier.
- Des **exercices de synthèse**, de types différents selon les dossiers, qui amèneront l'élève à réfléchir sur l'usage de la langue et à s'exprimer plus librement à l'écrit.

Comme l'écrit n'est pas une priorité au niveau 1, ces exercices de synthèse sont faciles et ils progressent lentement d'un dossier à l'autre.

2.1. BILANS ÉCRITS
Objectifs :
- Disposer d'évaluations sommatives différentes de celles du Cahier d'exercices.
- Tester le niveau grammatical écrit des élèves, dossier par dossier.
- Encourager les élèves à être autonomes en leur apprenant à gérer leurs erreurs.

Suggestions d'utilisation :

Quand ? Après la réalisation du Bilan écrit du Cahier d'exercices.

Comment ? L'élève travaille individuellement et reçoit une note personnelle qu'il peut d'ailleurs calculer lui-même. Après la correction, l'élève peut faire l'inventaire des sujets à réviser. On peut également faire une correction collective au cours de laquelle les élèves corrigent la copie d'un camarade choisi au hasard. On fera suivre cette évaluation mutuelle d'une réflexion entre tous sur les causes des erreurs les plus fréquentes.

2.2. EXERCICES DE SYNTHÈSE
Objectifs :
- Effectuer une évaluation formative de l'expression écrite au niveau débutant.
- Éventuellement, effectuer une évaluation sommative.
- Permettre aux élèves de réfléchir de manière simple sur la syntaxe et de mesurer leurs progrès.

Suggestions d'utilisation :

Quand ? Au cours de l'exploitation de la deuxième moitié de chaque dossier.

Comment ? Procéder comme pour un exercice habituel, sans avertir qu'il peut servir à faire une évaluation, ou bien prévenir les élèves et les laisser le préparer à la maison. Une fois les exercices corrigés, engager une réflexion collective sur le fonctionnement de la syntaxe de la phrase simple et montrer aux élèves qu'ils sont déjà capables de produire de petits textes.

2.3. GRILLES D'ÉVALUATION

On a conçu une grille pour l'évaluation de la compréhension écrite et deux grilles pour l'évaluation de l'expression écrite. Le professeur trouvera, au verso de chacune d'elles, des conseils pour leur utilisation.

3. FICHES D'AUTO-ÉVALUATION

3.1 CONTENUS LINGUISTIQUES ET CULTURELS

Ces fiches d'auto-évaluation complètent les auto-évaluations présentes à la fin des Dossiers 1, 2, 4 et 5 dans le Cahier d'exercices et qui portent sur les savoir-faire et les attitudes par rapport à l'apprentissage de la langue étrangère.

Objectifs :

- Entraîner l'élève à l'autonomie et à la gestion de son apprentissage.

- Entraîner l'élève à la détection de ses points forts ou faibles.

- Faire prendre conscience à l'élève des contenus présents dans chaque dossier et de leur progression.

- Rapprocher les objectifs du professeur et ceux de l'élève.

Suggestions d'utilisation :

Quand ? À la fin de chaque dossier ou au début du dossier suivant.

Comment ? En classe ou à la maison, l'élève remplit la fiche individuellement et le professeur peut faire de même, de façon à ce que les deux points de vue puissent être comparés. S'ils coïncident, l'enseignant et l'apprenant ont réussi à partager leurs critères. S'ils ne coïncident pas, il est important de savoir pourquoi, de façon à ce que l'élève se situe mieux face à son niveau d'apprentissage.

3. 2. NIVEAU DE COMPÉTENCE

Une fiche plus directement axée sur la communication, que l'on pourra utiliser comme il est suggéré au verso.

4. AUTRES FICHES D'ÉVALUATION

Le professeur trouvera dans cette dernière section une série de fiches qui ne visent pas directement l'évaluation de connaissances ou compétences linguistiques, mais qui aideront le professeur à mesurer certains aspects importants pour un bon apprentissage. Toutes sont accompagnées, au verso, de quelques conseils d'utilisation.

4.1. TENUE DU CAHIER PERSONNEL

Deux fiches qui donnent toute son importance au cahier personnel, support où les élèves s'expriment très librement.

4.2. ATTITUDE

Une fiche aidant à évaluer la disposition et le comportement des élèves au cours de leur apprentissage.

4.3. PREMIÈRE RENCONTRE

Deux fiches qui constituent des enquêtes diagnostiques destinées à cerner en début d'année le profil des nouveaux apprenants.

4.4. ENQUÊTE FINALE

Deux fiches pour partager avec les élèves leurs conclusions d'apprenants.

ÉVALUATION DE L'ORAL

QUESTIONS POUR UNE INTERVIEW : DOSSIER 1

Interview.

1) Comment tu t'appelles ?
2) Comment s'appelle ton école ?
3) Tu es dans quelle classe ?
4) Comment s'appellent tes copains et tes copines ?
5) Ton meilleur copain / Ta meilleure copine, qui est-ce ?
6) Comment il / elle est ? (Décris son physique et son caractère.)
7) Il / Elle est dans quelle classe ?
8) Comment s'appelle son école ?
9) Qu'est-ce qu'il / elle adore ?
10) Qu'est-ce qu'il / elle déteste ?
11) Et toi, qu'est-ce que tu aimes ? Qu'est-ce que tu adores ? Qu'est-ce que tu détestes ?
12) Comment tu es ? Trouve 3 adjectifs pour définir ton caractère.
13) Quel(s) jour(s) de la semaine tu as français, maths, anglais, dessin ?
14) Aujourd'hui, c'est quel jour ?
15) Énumère 10 objets de la classe.
16) Compte de 1 à 15, de 15 à 30, de 30 à 15, de 15 à 0, de 0 à 20 (nombres pairs), de 1 à 19 (nombres impairs).

Trouve la question.

1) « .... ? »   Ça va très bien, merci.

2) « .... ? »   C'est un sac.

3) « .... ? »   C'est Paul.

4) « .... ? »   Il est grand et mince.

5) « .... ? »   Elle s'appelle Élodie.

6) « .... ? »   Elle est géniale.

7) « .... ? »   Non, elle est brune.

8) « .... ? »   Non, je suis en 5e C.

9) « .... ? »   Oh oui, j'adore le chocolat !

10) « .... ? »   Le sport et la musique.

ÉVALUATION DE L'ORAL

QUESTIONS POUR UNE INTERVIEW : DOSSIER 2

Interview.

1) Quel âge tu as ?
2) Tu as des frères ? Comment ils s'appellent ? Quel âge ils ont ?
3) Tu as des sœurs ? Comment elles s'appellent ? Quel âge elles ont ?
4) Ta mère travaille ? Qu'est-ce qu'elle fait ? Quel âge a-t-elle ?
5) Ton père travaille ? Qu'est-ce qu'il fait ? Quel âge a-t-il ?
6) Parle de tes grands-parents.
7) Décris un des membres de ta famille.
8) Qu'est-ce que tu fais le week-end ?
9) Et ta famille, qu'est-ce qu'elle fait ?
10) Parle du camping « Le Paradis ». Qu'est-ce qu'il y a dans ce camping ?
11) Tu détestes le camping. Critique le camping « Le Paradis ».
12) Qu'est-ce qu'il y a dans ta classe ? Décris-la.
13) Dessine au tableau ce monstre. Écoute, il a :
    * 3 jambes   * 2 têtes   * 6 yeux   * 4 bouches
    * 1 nez   * 7 pieds   * 4 oreilles   * 2 bras
14) Énumère 5 actions que tu ne fais pas (5 verbes différents).
    Exemple : *Je ne parle pas japonais. Le lundi, je ne regarde pas la télé...*
15) Compte de 40 à 50, de 50 à 60, de 50 à 30, de 60 à 40, etc.

Trouve la question.

1) « .... ? »   Oui, j'ai une sœur et deux frères.

2) « .... ? »   Non, seulement un frère.

3) « .... ? »   25 ans.

4) « .... ? »   Elle est médecin.

5) « .... ? »   Non, il est interprète.

6) « .... ? »   C'est une main.

7) « .... ? »   C'est ma cousine.

8) « .... ? »   Il y a des tables et des chaises.

9) « .... ? »   Je regarde la télé.

10) « .... ? »   Non, je ne parle pas russe.

ÉVALUATION DE L'ORAL

QUESTIONS POUR UNE INTERVIEW : DOSSIER 4

Interview.

1) De quelle couleur est... ?
2) Quelle est ta couleur préférée ?
3) Quelle est la couleur que tu détestes ?
4) Quelles sont les couleurs du drapeau de ton pays ?
5) Quel est le personnage célèbre que tu admires le plus ?
6) Quelle est ta chanson préférée ?
7) Quel est ton groupe de musique préféré ?
8) Quel est ton acteur / actrice préféré(e) ?
9) Compte de 60 à 80.
10) Compte de 80 à 100.
11) Compte de 100 à 120.
12) Calcule : 50+20 = ; 90–8 = ; 11+100 = ; 40+41= ; 180:2 = ; 100–28 :   ; etc.
13) Précise la situation d'un objet de la classe. Donne au moins trois indications.
14) S'il te plaît, apporte-moi ... (un objet) qui se trouve ... (donner 3 indications).
15) Ton meilleur copain / Ta meilleure copine est triste ou de très mauvaise humeur : Il / Elle ne parle pas, ne rit pas... Cela t'inquiète. Quelles sont les questions que tu lui poses ?
16) Combien de matières tu as cette année ? Lesquelles sont tes préférées ? Pourquoi ?

Trouve la question.

1) « .... ? »   Il est jaune.

2) « .... ? »   Le bleu.

3) « .... ? »   Non, nous écoutons la radio.

4) « .... ? »   Je joue au basket.

5) « .... ? »   C'est Paris.

6) « .... ? »   La Seine.

7) « .... ? »   Non, ils regardent la télé.

8) « .... ? »   Non, nous travaillons.

9) « .... ? »   Oui, nous sommes contents.

10) « .... ? »   Non, nous avons 8 professeurs différents.

ÉVALUATION DE L'ORAL

QUESTIONS POUR UNE INTERVIEW : DOSSIER 5

Interview.

1) Quelle heure est-il ? / Et là, quelle heure est-il ?
2) À quelle heure commence le cours de... (maths, histoire...) ?
3) À quelle heure tu te lèves ? Et ta mère, elle se lève à quelle heure ?
4) À quelle heure tu te couches, le lundi ? Et le samedi ?
5) Qu'est-ce que tu fais le matin avant de partir à l'école ? Et avant de te coucher ?
6) Qu'est-ce que tu fais entre... (heure du réveil) et... heures (une heure plus tard) ?
   Ou entre 7 heures et 8 heures 30 du matin ?
7) À quelle heure les Français déjeunent habituellement ? Et toi ?
8) Les dimanches, c'est la même chose ?
9) À quelle heure les Français déjeunent habituellement ? Et toi ?
10) Tu dors combien d'heures habituellement ?
11) Quel horaire tu préfères ? Pourquoi ?
12) Tu aimes être seul à la maison ? Pourquoi ?
13) Qu'est-ce que tu fais d'habitude, le matin ? l'après-midi ? le soir ?
14) Qu'est-ce que tu fais, le dimanche ?
15) Tu connais Ricky Martin ? Qui est-ce ? Et Andrea Agassi ? Et Michelle Pfeiffer ? Quelle est leur nationalité ? Où est-ce qu'ils habitent habituellement ?
16) Quelle est la nationalité de Léonard de Vinci ? D'Einstein ? De Picasso ? De Blair ?
17) Parle-moi d'un personnage célèbre que tu aimes bien / admires (sportif / ive, acteur / trice, chanteur / euse, etc.) / Quel personnage célèbre est-ce que tu admires ? Parle-moi de lui / d'elle.

Trouve la question.

1) « .... ? »   Le 17 mars 1985.

2) « .... ? »   À Lyon.

3) « .... ? »   C'est le 01 45 37 44 14.

4) « .... ? »   Il est 10 heures.

5) « .... ? »   Il est midi 10.

6) « .... ? »   Je me réveille à 8 heures.

7) « .... ? »   À 11 heures du soir.

8) « .... ? »   Non, je suis à l'heure.

9) « .... ? »   Elle est médecin.

10) « .... ? »   Il est japonais.

ÉVALUATION DE L'ORAL

COMPRÉHENSION ORALE

NOM : . . . . PRÉNOM : . . . . CLASSE : . . . .

Mets une note :

2 = Très bien	0,5 = Pas très bien
1 = Assez bien	0 = Pas du tout

COMPRÉHENSION ORALE	MOI	MON PROFESSEUR
1. Je comprends le professeur quand il parle en classe.		
2. Je comprends sans explication les nouveaux enregistrements (dialogues, textes, etc.).		
3. Je me débrouille pour deviner le sens des mots inconnus.		
4. J'utilise les intonations, les bruits et les voix pour mieux comprendre.		
5. Je réussis les tests oraux de chaque dossier.		
TOTAL SUR 10		

ÉVALUATION DE L'ORAL

COMPRÉHENSION ORALE

TYPE D'ÉVALUATION :   Formative. Auto et co-évaluation.

OBJECTIF :   Permettre à l'élève de réfléchir sur ses capacités en compréhension orale et de comparer son opinion avec celle de son professeur.

RÉALISATION :

- **Quand ?**   Deux ou trois fois par trimestre.

- **Comment ?**   Photocopier la fiche et la distribuer aux élèves pour qu'ils la collent sur leur Cahier personnel.

- **Notation**   On note chaque critère de 0 à 2, afin d'obtenir une note totale sur 10.

Commentaires : _____

_____

_____

_____

_____

ÉVALUATION DE L'ORAL

EXPRESSION ORALE (1)

ÉLÈVES	Intervient spontanément en français (s'adresse au professeur en français).	Combine de façon créative les éléments connus et les nouveaux.	Prend des risques pour s'exprimer en français.	S'aide du langage non verbal ou d'autres procédés.	Reproduit ou reconstitue bien les textes entendus.	Utilise un vocabulaire approprié.	S'exprime correctement (morphologie).	S'exprime correctement (syntaxe).	A une prononciation et une intonation correctes.	Acquiert peu à peu de la fluidité, n'hésite pas, ne se bloque pas, etc.	TOTAL SUR 20

ÉVALUATION DE L'ORAL

EXPRESSION ORALE (1)

TYPE D'ÉVALUATION : Formative ou finale.

OBJECTIF : Apprécier globalement les capacités et les progrès de l'élève en ce qui concerne l'expression orale. Cette fiche permet d'obtenir des profils de classe et d'évaluer de façon dynamique les évolutions.

RÉALISATION :

- **Quand ?** Une ou deux fois par trimestre, de façon à observer en détail les progrès des élèves dans le domaine de l'expression orale.

- **Comment ?** Cette grille est destinée au professeur. Il s'agit d'une évaluation notée.

- **Notation** On note chaque critère de 0 à 2, afin d'obtenir une note totale sur 20.

Commentaires : _____

_____

_____

_____

ÉVALUATION DE L'ORAL

EXPRESSION ORALE (2)

NOM : . . . . PRÉNOM : . . . . CLASSE : . . . .

Dialogues, poèmes, chansons, textes de « Pas facile à dire ! »

TITRES TEXTES	TEXTE	PRONONCIATION	INTONATION	CRÉATIVITÉ	RÉSULTAT GLOBAL

J'observe mes résultats et je remarque que (1) ————————————————

——

——

Une bonne solution serait de (2) ——————————————————

——

——

(1) Je suis bon(ne) en tout. Je suis faible en... Je dois améliorer...
Je dois pratiquer... Mon point fort, c'est... Etc.
(2) Répéter les mots. Écrire ou dessiner les mots. « Voir »
mentalement ce que je dis. Travailler avec un(e) ami(e). Etc.

ÉVALUATION DE L'ORAL

EXPRESSION ORALE (2)

TYPE D'ÉVALUATION : Formative et finale.

OBJECTIF : Appréciation, par le professeur et les élèves eux-mêmes, de la qualité des productions orales des élèves et des aspects à améliorer.

RÉALISATION :

- **Quand ?**
  - Première partie (la notation) : après une ou plusieurs interventions orales mémorisées.
  - Deuxième partie (les conclusions) : après la notation de plusieurs interventions, de façon à juger une production d'ensemble.

- **Comment ?**
  Photocopier et distribuer la fiche aux élèves, en leur expliquant le but de celle-ci et en la décrivant : la première partie est destinée à la notation, la deuxième aux conclusions.

  Dans la première partie, il est surtout important d'expliciter aux élèves les critères d'évaluation :
  - Texte : on considère la bonne ou mauvaise mémorisation des textes, la fluidité ou les hésitations, etc.
  - Prononciation : on considère la reproduction correcte ou non des sons et des mots, la diction compréhensible ou incompréhensible, les erreurs les plus fréquentes, etc.
  - Intonation : on considère la correction des intonations, les accents toniques, le rythme de la phrase, etc.
  - Créativité : on considère l'utilisation ou non de moyens de communication non verbaux, l'originalité dans la présentation, etc.

- **Notation**
  En ce qui concerne la notation, plusieurs méthodes sont possibles : on peut noter de 0 à 2 (0 = faible, 1 = bien, 2 = très bien), ce qui donnerait un résultat global sur 8 ; ou de 1 à 5, ce qui donnerait un résultat sur 20 et permettrait plus de nuances ; ou encore hiérarchiser les critères (par exemple, en donnant plus d'importance à la prononciation).

  Dans la deuxième partie, les élèves écriront leurs conclusions en langue maternelle ; les exemples donnés en bas de page ne sont que des suggestions.

Commentaires :

ÉVALUATION DE L'ÉCRIT

BILAN ÉCRIT : DOSSIER 1

NOM : .... PRÉNOM : .... CLASSE : ....

---

1. Trouve la question.

1) _____? C'est ma meilleure copine.

2) _____? Elle s'appelle Myriam.

3) _____? Elle est sympathique et très originale.

4) _____? Le sport, le cinéma et les plantes carnivores.

5) _____? Elle est en 5ᵉ comme moi.

6) _____? C'est la calculette de Myriam.

/ 6

2. Complète avec le verbe *être* au présent.

1) Marius _____ génial. C'_____ un excellent copain. Il _____ très sympathique.

2) Moi, je _____ en 5ᵉ D et toi, tu _____ en quelle classe ?

/ 2

3 Complète avec le verbe au présent.

1) J' _____ (adorer) le cinéma.   3) Je _____ (détester) les films d'amour.

2) Tu _____ (aimer) les films d'horreur. 4) Elle _____ (détester) les westerns.

/ 4

4. Complète avec *un / une* ou *la / le / les*.

1) Voilà _____ trousse. C'est _____ trousse de Julie.

2) C'est _____ cahier ? Non, c'est _____ classeur. C'est _____ classeur de Marc.

3) Il adore _____ sport, spécialement _____ basket et _____ natation.

4) J'aime _____ contrôles et _____ problèmes de maths. Quelle horreur !

/ 4

5. Mets les phrases au masculin.

Elle est grande, belle et intelligente. Elle a un seul petit problème : elle est un peu folle.

_____

_____

/ 3

6. Mets les phrases au féminin.

Il est roux et gros. Il est très sympathique. Il adore les mathématiques. C'est un excentrique.

_____

_____

/ 4

7. Écris les chiffres suivants en toutes lettres.

2 – 9 – 11 – 15 – 17 – 21 – 33

_____

_____

/ 7

SCORE FINAL : / 30

ÉVALUATION DE L'ÉCRIT

BILAN ÉCRIT : DOSSIER 2

NOM : . . . . PRÉNOM : . . . . CLASSE : . . . .

---

1. Complète avec un verbe en *-er* au présent.
1) Elles _____ à la pétanque.
2) Je _____ trois langues étrangères.
3) Ils _____ des spaghettis.
4) Tu _____ la télé.
5) Elle _____ la radio.

/ 5

2. Complète avec l'adjectif possessif correspondant.
1) Je ne trouve pas _____ sac, _____ trousse, _____ clés, _____ livres.
2) Il est en vacances avec _____ amis, _____ famille, _____ oncle, _____ copains.
3) Tu parles avec _____ frère, _____ tante, _____ voisins, _____ sœur ?

/ 6

3. Mets les phrases au pluriel.
Mon petit chat est adorable. Il est très intelligent. Il adore jouer. Il mange des biscottes. Il déteste le chien de mon voisin.

_____

_____

/ 10

4. Transforme à la forme négative.
1) Elle est contente. _____
2) Son voisin est très gentil. _____
3) Tu joues avec elle. _____
4) Elle écoute ses amis. _____
5) Il aime parler. _____
6) Il danse le tango. _____
7) Elle téléphone à sa tante. _____
8) Tu manges bien à l'école. _____
9) Elles sont contentes. _____
10) Ils regardent les BD. _____

/ 10

5. Écris les questions.
1) _____ ? C'est ma sœur.
2) _____ ? Lydie.
3) _____ ? Elle a 20 ans.
4) _____ ? Elle est très sympa.
5) _____ ? Non, elle est danseuse.

/ 5

6. Écris ces chiffres en lettres.
23 – 32 – 45 – 58

_____

/ 4

SCORE TOTAL : / 40

18

ÉVALUATION DE L'ÉCRIT

BILAN ÉCRIT : DOSSIER 4

NOM : . . . . PRÉNOM : . . . . CLASSE : . . . .

---

1. Écris le sujet ou la terminaison du verbe.

1) J'écout____ une émission à la radio.

2) ____ cherchez un collaborateur ?

3) Tu téléphon____ à qui ?

4) Ils prépar____ une fête d'anniversaire.

5) ____ racontes des histoires.

6) Elle particip____ au concours.

7) Vous jou____ très bien au foot.

8) Nous regard____ un match à la télé.

/ 8

2. Complète avec *être* ou *avoir*.

1) Vous _____ écologistes ? Vous _____ intéressés par les problèmes de la nature ?
Vous _____ des idées vertes ? Nous _____ l'association « L'oiseau bleu ». Nous
_____ un programme d'activités fantastique ! Téléphonez-nous !

2) Tu _____ fils unique ou tu _____ des frères et des sœurs ? J'_____ des sœurs
jumelles, Lisa et Zoé. Elles _____ 7 ans. Elles _____ très différentes : Lisa _____
les cheveux blonds et Zoé _____ rousse.

/ 12

3. Complète avec *la, le, l'* ou *les*.

1) ____ nature est en danger.

2) ____ incendies sont terribles.

3) ____ herbe n'est pas verte.

4) ____ océan est sale.

/ 4

4. Où est-il ?

1) _____ la boîte.

2) _____ la boîte.

3) _____ la boîte.

4) _____ la boîte.

5) _____ la boîte.

/ 5

5. Pose les questions.

1) _____ couleur est le sac de Mireille ? Bleu.

2) _____ est le prénom de M.Duval ? Michel.

3) _____ couleurs tu préfères ? J'adore le bleu et le noir.

4) _____ ? Elle est à droite.

5) _____ ? Il y a 25 tables.

6) _____ ? Parce qu'elle est timide.

/ 6

SCORE TOTAL : / 35

ÉVALUATION DE L'ÉCRIT

BILAN ÉCRIT : DOSSIER 5

NOM : . . . . PRÉNOM : . . . . CLASSE : . . . .

1. Écris la question et les réponses : l'heure en toutes lettres.
1) Question : _____ ?
2) 18 h 20 _____   5) 08 h 00 _____
3) 10 h 45 _____   6) 00 h 00 _____
4) 14 h 15 _____   7) 12 h 20 _____

/ 7

2. Complète.
1) Je _____ révei_____ à 7 heures.   4) Nous _____ douch_____.
2) Tu _____ habill_____.   5) Vous _____ promen_____.
3) Elle _____ coiff_____.   6) Ils _____ bross_____ les dents.

/ 6

3. Complète les questions.
1) À quelle heure tu te lèves ? Je _____.
2) Qu'est-ce que tu fais après ? Je _____ et je _____.
3) Qu'est-ce que tu fais le soir ? Je _____ et je _____.

/ 5

4. Complète avec le verbe *faire*.
1) Qu'est-ce que tu _____? Je _____ un puzzle avec Cathy.
2) Vous _____ un puzzle ? Quelle horreur, je déteste ça !
3) Et ton frère, qu'est-ce qu'il _____ ? Il est avec son copain, ils _____ des maths.

/ 5

5. Isa n'est pas à la maison. Où est-elle ? Complète les questions.
1) Elle est _____ pharmacie ?   5) _____ aéroport ?
2) _____ restaurant ?   6) _____ gymnase ?
3) _____ toilettes ?   7) _____ université ?
4) _____ hôpital ?

/ 7

6. Complète avec le verbe *aller*.
1) –Où est-ce que tu _____ ?
2) –Je _____ au ciné avec Michel.
3) –Vous _____ au Rex ?
4) –Non, nous _____ au Montecarlo, c'est plus confortable. Tu viens ?
5) –Impossible, j'accompagne ma sœur, elle _____ chez le dentiste.

/ 5

SCORE TOTAL : / 35

ÉVALUATION DE L'ÉCRIT

EXERCICES DE SYNTHÈSE : DOSSIER 1

NOM : . . . . PRÉNOM : . . . . CLASSE : . . . .

1. Choisis le mot qui convient.

(Salut / Au revoir / Merci) Hector !

C'est fini, (le / la / les) vacances ! (La / Le / Les) rentrée, c'est dur ! Je (suis / es / est) dans (un / une / la) classe très (sympathique / horrible / fou) et un peu (calme / indisciplinée / super). (Il y a / Ils sont / C'est) 20 élèves : huit (garçons / monstre / prof) (es / est / et) douze (filles / fille / garçon). J'(aime bien / adores / aiment) les (profs / prof / professeur) de cette année, tout particulièrement (le / la / les) prof de sciences. Il (s'appelle / m'appelle / t'appelle) M. Ducros. Il (es / est / et) un peu (fou / folle / fous) mais il est (géniale / génial / géniales). J'ai un nouveau (amie / copine / copain). Elle / Il / Elles) s'appelle François. Il est (grand / grande / grands), maigre et (blonde / blonds / blond), comme toi et il (adores / adore / adorent) les BD et le (sports / sportifs / sport), comme moi. Et (toi / moi / elle), la (rentrée / vacances / lycée), comment (vas-tu / ça va / comme ci comme ça) ? Tu (es / est / c'est) content ? Réponds-moi vite. Élodie

2. Maintenant, complète la lettre d'Élodie à son copain Hector.

_____ Hector !

C'est fini, _____ vacances ! _____ rentrée, c'est dur ! _____ suis dans _____ classe

très _____ et un peu indisciplinée. Il y a vingt élèves : huit garçons et _____ filles.

J'_____ bien les _____ de cette année, tout particulièrement le prof de _____ .

Il _____ M. Ducros. _____ est un peu fou mais il _____ génial !

J'ai un nouveau _____ . Il s'appelle François. _____ est _____, maigre et _____,

comme toi, et il _____ les BD et le sport, comme moi.

Et toi, la rentrée, comment _____ ? Tu _____ content ?

Réponds-moi vite. Élodie

ÉVALUATION DE L'ÉCRIT

EXERCICES DE SYNTHÈSE : DOSSIER 2

NOM : . . . . PRÉNOM : . . . . CLASSE : . . . .

Complète cette interview de Victor Bonnemine.

1) Gaston, _____ ? C'est _____ .

2) _____ ? _____ chanteur de rock.

3) _____ ? _____ roux, grand et mince.

4) _____ ? _____ 20 ans.

5) _____ ? Oui, très gentil.

6) _____ ? Oui, j'ai des sœurs jumelles.

7) Et _____ père, _____ ? Il est coiffeur. _____ un artiste !

8) _____ mère travaille ? Oui, elle est _____ . Elle _____ 7 langues.

9) Elle parle japonais ? Non, _____ , mais elle parle arabe.

ÉVALUATION DE L'ÉCRIT

EXERCICES DE SYNTHÈSE : DOSSIER 4

NOM : . . . . PRÉNOM : . . . . CLASSE : . . . .

Complète les questions et réponds.

1) _____ forme géométrique a la France ? _____

2) _____ animal est le symbole de la France ? _____

3) _____ montagnes séparent la France de l'Espagne ? _____

4) La Corse, _____ ? _____ une île _____

5) _____ est l'actuel Président de la République Française ? _____

6) _____ s'appelle l'auteur des Trois Mousquetaires ? _____

7) _____ est le maillot du gagnant du Tour de France ? _____

8) Jules Verne, _____ ? _____

9) _____ villes françaises se trouvent sur la Méditerranée ? _____

_____

10) _____ fleuves se jettent dans l'Atlantique ? _____

LA FRANCE EN 10 QUESTIONS

ÉVALUATION DE L'ÉCRIT

EXERCICES DE SYNTHÈSE : DOSSIER 5

NOM : . . . . PRÉNOM : . . . . CLASSE : . . . .

Le samedi de Mme Chanteclair. Écris le texte correspondant à chaque illustration.

1)

Il est neuf heures du matin.
Mme Chanteclair se réveille.
Elle est contente.

2)

3)

4)

5)

6)

7)

8)

9)

ÉVALUATION DE L'ÉCRIT

COMPRÉHENSION ÉCRITE

NOM : . . . . PRÉNOM : . . . . CLASSE : . . . .

2 = Très bien	0,5 = Pas très bien
1 = Assez bien	0 = Pas du tout

COMPRÉHENSION ÉCRITE	MOI	MON PROFESSEUR
1. Je comprends sans explication les nouveaux textes.		
2. Je me débrouille pour deviner le sens des mots inconnus.		
3. J'utilise les images et la présentation d'un texte pour mieux le comprendre.		
4. Je comprends les consignes écrites du livre et du cahier.		
5. Je réussis les tests INFOS de chaque dossier.		
TOTAL SUR 10		

ÉVALUATION DE L'ÉCRIT

COMPRÉHENSION ÉCRITE

TYPE D'ÉVALUATION : Formative. Auto et co-évaluation

OBJECTIF : Permettre à l'élève de réfléchir sur ses capacités en compréhension écrite et de comparer son opinion avec celle de son professeur.

RÉALISATION :

- **Quand ?** Deux ou trois fois par trimestre.

- **Comment ?** Photocopier la fiche et la distribuer aux élèves pour qu'ils la collent sur leur Cahier personnel.

- **Notation** On note chaque critère de 0 à 2, afin d'obtenir une note totale sur 10.

Commentaires : _____

_____

_____

_____

_____

ÉVALUATION DE L'ÉCRIT

EXPRESSION ÉCRITE (1)

ÉLÈVES	Compréhensibilité de l'expression.	Utilisation adéquate du vocabulaire.	Syntaxe.	Orthographe phonétique.	Orthographe grammaticale.	Capacité de transposition.	Capacité de création à partir d'un modèle.	Enchaînement de phrases et d'idées.	Recherche personnelle sur l'écrit.	TOTAL SUR 20

ÉVALUATION DE L'ÉCRIT

EXPRESSION ÉCRITE (1)

TYPE D'ÉVALUATION : Formative-finale.

OBJECTIF : Apprécier globalement les capacités et les progrès de l'élève en ce qui concerne l'expression écrite.
Elle permet d'effectuer des profils de classe et de faire une évaluation dynamique des évolutions.

RÉALISATION :

- **Quand ?** Une ou deux fois par trimestre, de façon à observer en détail les progrès des élèves.

- **Comment ?** Cette grille est destinée au professeur. Il s'agit d'une évaluation notée.

- **Notation** On note chaque aspect de 0 à 2, afin d'obtenir un résultat global sur 20.

Commentaires : _____
_____
_____
_____
_____

ÉVALUATION DE L'ÉCRIT

EXPRESSION ÉCRITE (2)

NOM : . . . . PRÉNOM : . . . . CLASSE : . . . .

Mets une note :

2 = Toujours
1 = Presque toujours
0,5 = Quelquefois
0 = Jamais

	MOI	MON PROFESSEUR
1. Normalement, je sais copier des textes sans fautes.		
2. Je fais les exercices écrits du Cahier.		
3. Je fais la correction des productions écrites et des contrôles écrits.		
4. Généralement, je fais très peu de fautes.		
5. Je construis correctement les phrases.		
6. Je fais des pastiches sans trop de difficultés.		
7. Si je ne sais pas écrire quelque chose, je demande à quelqu'un.		
8. Si je ne sais pas quelque chose, je cherche dans un dictionnaire.		
9. Quand j'écris, je relis toujours pour vérifier la correction.		
10. Quand je fais des erreurs, j'essaie de comprendre pourquoi.		
TOTAL SUR 20		

ÉVALUATION DE L'ÉCRIT

EXPRESSION ÉCRITE (2)

TYPE D'ÉVALUATION : Formatrice et finale.

OBJECTIF : Appréciation par le professeur et les élèves eux-mêmes de la qualité des productions écrites des élèves et des aspects à améliorer. Comparer l'évaluation du professeur et celle de l'élève.

RÉALISATION :

- **Quand ?** Deux ou trois fois par trimestre.

- **Comment ?** Photocopier la fiche et la distribuer aux élèves pour qu'ils la collent sur leur Cahier personnel.
  Il s'agit d'une évaluation notée. Elle devient formatrice à condition de bien expliciter aux élèves les critères d'évaluation, de comparer les résultats et de réfléchir sur les différences entre l'évaluation du professeur et la leur.

- **Notation** L'élève note de 0 à 2 chaque item, le professeur également, pour obtenir un total sur 20.

Commentaires : _____
_____
_____
_____
_____

AUTO-ÉVALUATION

CONTENUS LINGUISTIQUES ET CULTURELS : DOSSIER 1

NOM : . . . . PRÉNOM : . . . . CLASSE : . . . .

GRAMMAIRE

- Présent du verbe *être* au singulier ☐
- Féminin et masculin des adjectifs ☐
- Présent des verbes *s'appeler,*
  adorer, détester au singulier ☐
- *Qu'est-ce que c'est ? C'est...* ☐
- *Qui est-ce ? C'est* + nom ☐
- Articles indéfinis : *un, une* ☐
- Articles définis : *le, la, les* ☐

COMMUNICATION

- Se présenter et présenter quelqu'un ☐
- Identifier une personne ou un objet ☐
- Décrire une personne ☐
- Exprimer les goûts et les
  préférences ☐
- Indiquer une quantité ☐
- Indiquer la date ☐
- Demander de répéter un mot ☐
- Demander la traduction d'un mot ☐

VOCABULAIRE

- La rentrée ☐
- Le matériel de classe ☐
- Les goûts ☐
- Les adjectifs de description ☐
- Les jours de la semaine ☐
- Les mois de l'année ☐
- Les nombres de 0 à 30 ☐

PHONÉTIQUE

- Le son [ɔ̃] de *Gaston* ☐
- Le son [ʒ] de *je joue* ☐

GRAPHIES

- À l'écrit **ai** / à l'oral [ɛ], comme
  dans j'**ai**me, s'il te pl**aî**t ☐

CULTURE ET CIVILISATION

- Comment fonctionne l'école
  en France et dans d'autres pays ☐

AUTO-ÉVALUATION

CONTENUS LINGUISTIQUES ET CULTURELS : DOSSIER 2

NOM : . . . . PRÉNOM : . . . . CLASSE : . . . .

GRAMMAIRE

- *Qu'est-ce qu'il / qu'elle fait ? Il / Elle* + actions ☐
- *Être (ils / elles)* ☐
- Verbes en *-er (ils / elles)* ☐
- *Avoir* (singulier) ☐
- Adjectifs possessifs : *mon, ton, son, ma, ta, sa, mes, tes, ses* ☐
- Forme négative ☐
- *Il y a* ☐
- Le pluriel des articles, des noms, des adjectifs ☐

COMMUNICATION

- Demander des informations sur une personne ☐
- Donner des informations sur l'identité d'une personne ☐
- Énumérer ☐
- Décrire des actions ☐
- Nier quelque chose ☐
- Demander du matériel en classe ☐

VOCABULAIRE

- La famille ☐
- Les verbes d'action ☐
- Les parties du corps ☐
- Les nombres de 31 à 69 ☐

PHONÉTIQUE

- Le son [y] de *lune* ☐
- Le son [u] de *cousine* ☐
- Le son [ã] de *Fernand* ☐

GRAPHIES

- Le *-s* final de *pas* ou d'un pluriel ne se prononce pas. ☐

CULTURE ET CIVILISATION

- Les Français en vacances ☐

AUTO-ÉVALUATION

CONTENUS LINGUISTIQUES ET CULTURELS : DOSSIER 4

NOM : . . . . PRÉNOM : . . . . CLASSE : . . . .

GRAMMAIRE

- *Quel ? Quelle ? Quels ? Quelles ? De quelle couleur ?* ☐
- Présent des verbes en *-er* à toutes les personnes ☐
- Présent du verbe *être* à toutes les personnes ☐
- Présent du verbe *avoir* à toutes les personnes ☐
- L'impératif (verbes en *-er*) ☐
- Emploi de l'apostrophe ☐
- Adverbes et prépositions de lieu ☐
- Équivalence *on = nous* ☐
- La cause : *pourquoi / parce que* ☐
- La quantité : *combien* ☐

COMMUNICATION

- Demander et dire où se trouve un objet ☐
- Formuler les questions d'un concours ☐
- Présenter un groupe ☐
- Interroger un groupe de personnes ☐
- Interroger sur le lieu ☐
- Interroger sur la quantité ☐
- Indiquer la couleur ☐
- Donner des adresses ☐
- Demander et donner des explications ☐
- Mener un jeu ou une activité dans la classe ☐

VOCABULAIRE

- Les nombres de 70 à 100 ☐
- Les couleurs ☐
- Les animaux ☐
- Éléments de la nature ☐

PHONÉTIQUE

- Le son [z] de *musique* ☐
- Le son [s] de **serpent** ☐
- L'intonation interrogative ☐
- L'intonation impérative ☐

GRAPHIES

- À l'écrit **oi** / à l'oral [wa], comme dans *moi, Fran**ç**ois* ☐

CULTURE ET CIVILISATION

- La France : montagnes, fleuves, noms de villes ☐
- Certains aspects culturels de la France ☐

33

AUTO-ÉVALUATION

CONTENUS LINGUISTIQUES ET CULTURELS : DOSSIER 5

NOM : . . . . PRÉNOM : . . . . CLASSE : . . . .

GRAMMAIRE

- Verbes pronominaux (forme affirmative / forme négative) ☐
- Différence *Est-ce que... ? / Qu'est-ce que... ?* ☐
- Présent du verbe *faire* à toutes les personnes ☐
- Présent du verbe *aller* à toutes les personnes ☐
- *À* + les articles définis ☐

COMMUNICATION

- Demander et dire l'heure ☐
- Demander et donner des informations sur l'identité de quelqu'un ☐
- Utiliser *tu* ou *vous* ☐
- Raconter la journée de quelqu'un ☐
- Demander la permission ☐

VOCABULAIRE

- L'heure ☐
- Les moments de la journée ☐
- Les repas ☐

PHONÉTIQUE

- Le son [ø] de *deux* ☐
- Le son [ʃ] de *chez moi* ☐

GRAPHIES

- À l'écrit **in** / à l'oral [ɛ̃], comme dans *vingt* ☐

CULTURE ET CIVILISATION

- La vie quotidienne en France ☐
- La France et la francophonie ☐
- L'Europe et la France ☐

AUTO-ÉVALUATION

NIVEAU DE COMPÉTENCE

NOM : . . . . PRÉNOM : . . . . CLASSE : . . . .

JE CROIS QUE...	TOUJOURS	SOUVENT	PRESQUE JAMAIS	JAMAIS
1. Je comprends quand le professeur parle en français.				
2. Je comprends les documents enregistrés à 75 %.				
3. Je prononce bien.				
4. Je reproduis des dialogues que je comprends sans difficulté.				
5. J'interviens en français en classe.				
6. Je comprends facilement la grammaire.				
7. Je fais correctement les exercices écrits.				
8. Quand je lis un document nouveau, je comprends à 75 %.				
9. En classe, je suis attentif / attentive et je participe.				
10. Pour moi, le français, c'est facile.				

AUTO-ÉVALUATION

NIVEAU DE COMPÉTENCE

TYPE D'ÉVALUATION : Diagnostique, auto-évaluation.

OBJECTIF : Évaluation de leurs connaissances par les élèves eux-mêmes.
Le professeur pourra comparer avec le profil d'élève qu'il a élaboré pour sa part à partir des résultats des tests diagnostiques.

RÉALISATION :

- **Quand ?** Après la 1re ou la 2e semaine de classe (les élèves auront eu le temps de mettre à l'épreuve leurs capacités).

- **Comment ?** Photocopier la fiche et la distribuer aux élèves pour qu'ils la collent sur leur cahier personnel.

Commentaires : _____

_____

_____

_____

_____

AUTRES FICHES D'ÉVALUATION

TENUE DU CAHIER PERSONNEL

NOM : . . . . PRÉNOM : . . . . CLASSE : . . . .

Donne de 0 à 2 points par item selon le degré de correction.

	MOI	MON PROFESSEUR	MOI	MON PROFESSEUR	MOI	MON PROFESSEUR
PRÉSENTATION						
1. Titres : soulignés, mis en relief.						
2. Agréable à lire : aéré, propre.						
3. Écriture : soignée, pas de ratures.						
4. Mise en page : respect des marges, illustrations, créativité.						
5. Dates.						
PRISE DE NOTES						
6. Complète.						
7. Correcte.						
EXERCICES ET DEVOIRS						
8. Faits.						
9. Corrigés.						
DOCUMENTATION						
10. Ordonnée, facile à consulter.						
TOTAL SUR 20						
	DATE		DATE		DATE	

AUTRES FICHES D'ÉVALUATION

TENUE DU CAHIER PERSONNEL

TYPE D'ÉVALUATION : Formatrice et finale. Auto et co-évaluation.

OBJECTIF : Évaluer le cahier personnel comme outil d'apprentissage. Permettre à l'élève de réfléchir sur son travail et de comparer son opinion avec celle de son professeur.

RÉALISATION :

- **Quand ?** Deux ou trois fois par trimestre.

- **Comment ?** Photocopier la fiche et la distribuer aux élèves pour qu'ils la collent sur leur cahier personnel. Le professeur procède à l'évaluation quand il ramasse les cahiers.
  Il s'agit d'une évaluation notée. Cependant, elle devient formatrice à condition de bien expliciter aux élèves les critères d'évaluation et de réfléchir ensemble sur les différences.

- **Notation** On note chaque critère de 0 à 2, afin d'obtenir une note totale sur 20.

Commentaires : _____

_____

_____

_____

_____

AUTRES FICHES D'ÉVALUATION

ATTITUDE

ÉLÈVES	Motivation en général.	Disposition à communiquer en français.	Attention et concentration en classe.	Régularité dans le travail fait à la maison.	Respect des règles lors des activités et des jeux dans la classe.	Attitude constructive face à l'erreur.	Collaboration et participation spontanées.	Attitude responsable dans le travail de groupe.	Relations avec les camarades.	Créativité, initiative, originalité.	TOTAL SUR 20

AUTRES FICHES D'ÉVALUATION

ATTITUDE

TYPE D'ÉVALUATION : Formative et finale.

OBJECTIF : Évaluer l'attitude et le comportement général de chaque élève dans l'ensemble du groupe-classe.

RÉALISATION :

- **Quand ?** À la fin de chaque trimestre ou bien deux fois par trimestre, si l'on veut mieux apprécier d'éventuels changements (plus d'intérêt, plus de participation, etc.).

- **Comment ?** Cette grille est destinée au professeur. Il s'agit d'une évaluation notée. Cependant, elle peut devenir formative et propre à l'auto-évaluation à condition que les critères d'évaluation soient bien explicités aux élèves : on leur explique, par exemple, ce que l'on entend par un travail régulier ou par une attitude responsable dans un travail de groupe.
  Cette grille permet de mettre en évidence la dynamique du profil de classe et de constater comment celui-ci évolue au cours de l'année. L'attitude est un sujet difficile à cerner. Les critères proposés dans cette grille sont parmi les principaux. On peut cependant concevoir d'autres critères, que les professeurs pourront juger plus importants en fonction des caractéristiques de leur classe, des conditions dans lesquelles ils travaillent, de leur propre caractère, etc.

- **Notation** Le système de notation proposé est simple. On notera chaque critère de 0 à 2, afin d'obtenir un résultat global sur 20 :
  0 = jamais
  1 = irrégulièrement
  2 = souvent
  On pourra cependant préférer une simple notation sur 10.

Commentaires : _____

_____

_____

_____

_____

AUTRES FICHES D'ÉVALUATION

PREMIÈRE RENCONTRE (1)

NOM : . . . . PRÉNOM : . . . . CLASSE : . . . .

Apprendre une langue étrangère

Salut !

1. Pourquoi as-tu choisi le français comme deuxième langue étrangère ?

   _____
   _____
   _____

2. Tu penses être doué(e) pour les langues ?

   _____
   _____

3. Quelles sont les activités que tu aimes réaliser pendant un cours de langue étrangère ?

   _____
   _____

4. Quelles sont les activités que tu n'aimes pas réaliser pendant un cours de langue étrangère ?

   _____
   _____

5. D'après toi, quelles sont les activités les plus utiles pour apprendre une langue ?

   _____
   _____

6. Quels ont été tes résultats en anglais l'année dernière ?

   _____
   _____

AUTRES FICHES D'ÉVALUATION

PREMIÈRE RENCONTRE (1)

TYPE D'ÉVALUATION : Initiale (diagnostique).

OBJECTIF : Obtenir un premier profil de chaque élève comme apprenant d'une langue étrangère en général, et du français en particulier.

RÉALISATION :

- **Quand ?** Lors des premières séances.

- **Comment ?** Photocopier et distribuer la fiche aux élèves. Avant de traduire le questionnaire, laisser aux élèves le temps de déduire le contenu de la fiche et le sens des questions. Il serait aussi intéressant de leur demander quelle est, à leur avis, l'utilité de ce genre de questionnaire. Une fois expliqué et traduit, le questionnaire sera rempli en langue maternelle par les élèves, en classe ou à la maison.
L'échange de commentaires et de conclusions sur le questionnaire permettra d'éliminer certains clichés ou certaines idées préconçues concernant l'utilité du français, la facilité / difficulté d'apprentissage de chaque élève, le genre d'activités que l'on peut proposer dans un cours de langue étrangère, etc.
Les réponses aux questions peuvent, à leur tour, faire l'objet d'autres considérations intéressantes : sur quoi peut-on se baser pour décider si l'on est doué ou non pour les langues ? Qu'est-ce qui rend une activité plaisante ou déplaisante (la facilité / la difficulté, l'originalité / la banalité, etc.) ? Est-ce que l'on est toujours conscient de l'utilité finale d'une activité ? Etc.

Commentaires : _____

_____

_____

_____

_____

AUTRES FICHES D'ÉVALUATION

PREMIÈRE RENCONTRE (2)

NOM : . . . . PRÉNOM : . . . . CLASSE : . . . .

Goûts et préférences

1. Quelle musique tu aimes ? _____

2. Quels films tu préfères ? _____

3. Quel est ton programme de télévision favori ? _____

4. Tu lis combien de livres par an ? Quelles lectures tu aimes ? _____

   _____

5. Quel(s) magazine(s) tu achètes ? _____

6. Tu regardes la télévision combien d'heures par jour ? _____

7. Quel est ton passe-temps favori ? _____

8. Quelles sont tes activités extra-scolaires ? _____

   _____

9. Indique 3 choses que tu aimes à l'école et 3 choses que tu n'aimes pas. _____

   _____

   _____

10. Quelles matières tu préfères ? Pourquoi ? _____

    _____

11. Quelles matières tu n'aimes pas ? Pourquoi ? _____

    _____

AUTRES FICHES D'ÉVALUATION

PREMIÈRE RENCONTRE (2)

TYPE D'ÉVALUATION : Initiale (diagnostique).

OBJECTIF : Préciser le profil individuel des élèves (leurs goûts, leurs loisirs, leurs activités habituelles), ainsi que celui de la classe.
L'information obtenue aidera à découvrir les différentes façons d'apprendre des élèves (visuelle, auditive, cinétique, etc.) et à programmer les activités postérieures.

RÉALISATION :

- **Quand ?** Lors des premières séances (en langue maternelle) ou au niveau du Dossier 1, qui est consacré à l'expression des goûts personnels (en français).

- **Comment ?** Photocopier et distribuer la fiche aux élèves. Avant de traduire les questions, laisser aux élèves le temps de déduire le contenu de la fiche et le sens des questions. Il serait aussi intéressant de leur demander quelle est, à leur avis, l'utilité de ce genre de questionnaire. Une fois expliqué et traduit, le questionnaire sera rempli en classe ou à la maison. On demandera aux élèves quelles autres questions pourraient être posées et pourquoi.
Variante : cette enquête donne l'occasion de réaliser un plan permettant d'obtenir le profil général de la classe. La façon de procéder serait la suivante :
  - Écrire chaque question sur une feuille de papier que l'on affichera dans la classe.
  - Chaque élève écrit sa réponse sur un *post-it* (ou un petit papier) qui sera collé sur la feuille correspondante.
  - Finalement on regroupera toutes les réponses identiques ou semblables et on analysera collectivement les résultats : commentaires sur le(s) programme(s) de télévision le(s) plus cité(s), comparaison des passe-temps, des activités extra-scolaires, etc.

Commentaires : _____

_____

_____

_____

_____

AUTRES FICHES D'ÉVALUATION

ENQUÊTE FINALE

NOM : . . . . PRÉNOM : . . . . CLASSE : . . . .

Colorie les triangles : △ vert = très bien   △ bleu = bien   △ jaune = moins bien

1. Maintenant, je suis capable de...

△ _____

△ _____

△ _____

△ _____

△ _____

△ _____

△ _____

△ _____

2. Maintenant, je sais...

△ _____

△ _____

△ _____

△ _____

△ _____

△ _____

△ _____

△ _____

3. Je veux améliorer...

△ _____

△ _____

△ _____

△ _____

△ _____

△ _____

△ _____

AUTRES FICHES D'ÉVALUATION

ENQUÊTE FINALE

TYPE D'ÉVALUATION : Formative.

OBJECTIF : Faire réfléchir l'élève sur son apprentissage, lui faire prendre conscience de ses points forts et de ses points faibles, et l'encourager à prendre des décisions orientant son apprentissage.

RÉALISATION :

- **Quand ?** Étant donné que le Livre de l'élève et le Cahier d'exercices offrent des BILANS et une section AUTO-ÉVALUATION à la fin de chaque dossier, on peut choisir de réaliser cette enquête à un autre moment : après deux semaines de travail (l'élève se rappellera plus facilement ce qu'il vient d'apprendre), après un mois ou à la fin d'un trimestre (l'élève aura du mal à se rappeler tout ce qu'il a appris mais il sera beaucoup plus conscient de ses capacités).

- **Comment ?** Photocopier la fiche et la distribuer aux élèves. Expliquer les énoncés :
  – « Je suis capable de… » s'applique aux procédures et performances (deviner le sens d'un mot inconnu, comprendre ce que dit le professeur, utiliser le français en classe, etc.).
  – « Je sais… » s'applique aux contenus linguistiques et actes de parole (saluer, se présenter, compter de 0 à 100, etc.).
  Exprimer ses capacités, même dans sa langue maternelle, est une tâche difficile pour les élèves car très souvent ils sont comme le *Bourgeois gentilhomme* : ils savent, par exemple, utiliser les articles correctement, mais ignorent ou ont oublié que ceux-ci s'appellent « articles ».
  En ce sens, la section AUTO-ÉVALUATION du Cahier d'exercices est plus facile (mais aussi moins libre) puisque la description des savoirs et des procédures y est donnée aux élèves. Cette section, en plus des BILANS, pourra d'ailleurs servir de référence aux élèves pour compléter la présente fiche.
  Cette fiche peut également servir à une auto-évaluation des savoirs et savoir-faire culturels.

Commentaires : _____

_____

_____

_____

_____

SOLUTIONS

QUESTIONS POUR UNE INTERVIEW

DOSSIER 1 (page 7)

1) Comment ça va ? 2) Qu'est-ce que c'est ?
3) Qui est-ce ? 4) Comment il est ? (Il est comment ?) 5) Comment elle s'appelle ?
(Elle s'appelle comment ?) 6) Comment elle est ? (Elle est comment ?) 7) Elle est blonde / rousse ? 8) Tu es en 5e B / en 6e, etc ?
9) Tu aimes le chocolat ? 10) Qu'est-ce que tu aimes ?

DOSSIER 2 (page 8)

1) Tu as des frères et sœurs ? 2) Tu as des frères / deux / plusieurs... frères ? 3) Quel âge il a ? (Il a quel âge ?) 4) Qu'est-ce qu'elle fait ? / Elle est quoi ? / Quelle est sa profession ? 5) Il est professeur / musicien / cuisinier, etc. ? 6) Qu'est-ce que c'est ?
7) Qui est-ce ? 8) Qu'est-ce qu'il y a (dans l'appartement) ? 9) Qu'est-ce que tu fais ?
10) Tu parles russe ?

DOSSIER 4 (page 9)

1) Il est de quelle couleur ? (De quelle couleur il est ?) 2) Quelle est ta couleur préférée ? / Tu préfères le vert ou le bleu ? Etc. 3) Vous écoutez des disques ? / Vous regardez la télé ? Etc. 4) Qu'est-ce que tu fais ? / Quels sports tu pratiques ? Etc. 5) Quelle est la capitale de la France ? / Quelle est ta ville préférée ? Etc. 6) Quel fleuve passe par Paris ? / Tu connais un fleuve français ? Etc.
7) Ils écoutent la radio ? / Ils jouent à la pétanque ? Etc. 8) Vous jouez ? / Vous regardez la télé ? Etc. 9) Vous êtes contents ?
10) Vous avez un seul professeur ?

DOSSIER 5 (page 10)

1) Quelle est votre / ta / sa date de naissance ? (Vous êtes / Tu es / Il est / Elle est né(e) quand ?) 2) Quel est votre / ton / son lieu de naissance ? (Vous êtes / Tu es / Il est / Elle est né(e) où ? 3) Quel est votre / ton / son numéro de téléphone ? 4) Quelle heure est-il ? / Il est quelle heure ? 5) Quelle heure est-il ? / Il est quelle heure ? 6) À quelle heure est-ce que tu te réveilles ? 7) À quelle heure est-ce que tu te couches ? 8) Tu es en retard ? 9) Qu'est-ce qu'elle fait ? / Quelle est sa profession ? 10) Quelle est sa nationalité ? / Il est de quelle nationalité ?

BILANS ÉCRITS

DOSSIER 1 (page 17)

Exercice 1

1) Qui est-ce? 2) Comment elle s'appelle ? / Elle s'appelle comment ? 3) Comment elle est ? / Elle est comment ? 4) Qu'est-ce qu'elle aime ? 5) En quelle classe elle est ? / Elle est en quelle classe ?
6) Qu'est-ce que c'est ?

Exercice 2

1) Marius est génial. C'est un excellent copain. Il est très sympathique. 2) Moi, je suis en 5e D et toi, tu es dans quelle classe?

Exercice 3

1) J'adore le cinéma. 2) Tu aimes les films d'horreur. 3) Je déteste les films d'amour.
4) Elle déteste les westerns.

Exercice 4

1) Voilà une trousse. C'est la trousse de Julie. 2) C'est un cahier ? Non, c'est un classeur. C'est le classeur de Marc. 3) Il adore le sport, spécialement le basket et la natation. 4) J'aime les contrôles et les problèmes de maths. Quelle horreur !

Exercice 5

Il est grand, beau et intelligent. Il a un seul petit problème : il est un peu fou.

Exercice 6

Elle est rousse et grosse. Elle est très sympathique. Elle adore les mathématiques. C'est une excentrique.

Exercice 7

deux – neuf – onze – quinze – dix-sept – vingt et un – trente-trois

DOSSIER 2 (page 18)

Exercice 1

1) Elles jouent à la pétanque. 2) Je parle trois langues étrangères. 3) Ils mangent des spaghettis. 4) Tu regardes la télé. 5) Elle écoute la radio.

Exercice 2

1) mon sac, ma trousse, mes clés, mes livres
2) ses amis, sa famille, son oncle, ses copains
3) ton frère, ta tante, tes voisins, ta sœur

Exercice 3

Mes petits chats sont adorables. Ils sont très intelligents. Ils adorent jouer. Ils mangent des biscottes. Ils détestent les chiens de mes voisins.

Exercice 4

1) Elle n'est pas contente. 2) Son voisin n'est pas très gentil. 3) Tu ne joues pas avec elle. 4) Elle n'écoute pas ses amis. 5) Il n'aime pas parler. 6) Il ne danse pas le tango. 7) Elle ne téléphone pas à sa tante. 8) Tu ne manges pas bien à l'école. 9) Elles ne sont pas contentes. 10) Ils ne regardent pas les BD.

Exercice 5

1) Qui est-ce ? 2) Comment tu t'appelles ? / Comment elle s'appelle ? (Tu t'appelles comment ? / Elle s'appelle comment ? 3) Quel âge elle a ? (Elle a quel âge ?) 4) Comment elle est ? (Elle est comment ?) 5) Elle est médecin (...) ?

Exercice 6

vingt-trois – trente-deux – quarante-cinq – cinquante-huit

DOSSIER 4 (page 19)

Exercice 1

1) J'écoute 2) Vous cherchez 3) Tu téléphones 4) Ils préparent 5) Tu racontes 6) Elle participe 7) Vous jouez 8) Nous regardons

Exercice 2

1) êtes - êtes - avez - sommes - avons
2) es - as - ai - ont - sont - a - est

Exercice 3

1) La 2) Les 3) L' 4) L'

Exercice 4

1) Dans 2) Derrière 3) Sous 4) Devant 5) Sur

Exercice 5

1) De quelle 2) Quel 3) Quelles 4) Où elle est ? / Elle est où ? 5) Combien de tables il y a ? / Il y a combien de tables ? 6) Pourquoi elle ne parle pas ? (Pourquoi elle est rouge ? Etc.)

DOSSIER 5 (page 20)

Exercice 1

1) Quelle heure est-il ? 2) Dix-huit heures vingt / six heures vingt (du soir) 3) Dix heures quarante-cinq / onze heures moins le quart (du matin) 4) Quatorze heures quinze / deux heures et quart (de l'après-midi) 5) Huit heures (du matin) 6) Minuit 7) Minuit vingt / Midi vingt

Exercice 2

1) Je me réveille 2) Tu t'habilles 3) Elle se coiffe 4) Nous nous douchons 5) Vous vous promenez 6) Ils se brossent

Exercice 3

Réponses libres.

Exercice 4

1) fais - fais 2) faites 3) fait - font

Exercice 5

1) Elle est à la pharmacie ? 2) Elle est au restaurant ? 3) Elle est aux toilettes ? 4) Elle est à l'hôpital ? 5) Elle est à l'aéroport ? 6) Elle est au gymnase ? 7) Elle est à l'université ?

Exercice 6

1) vas 2) vais 3) allez 4) allons 5) va

EXERCICES DE SYNTHÈSE

DOSSIER 1 (page 21)

Exercices 1 et 2

Salut Hector !
C'est fini, *les* vacances ! *La* rentrée, c'est dur ! Je *suis* dans *une* classe très *sympathique* et un peu *indisciplinée*. *Il y a* 20 élèves : huit *garçons et* douze *filles*. J'*aime bien* les *profs* de cette année,

tout particulièrement *le* prof de sciences. Il *s'appelle* M. Ducros. Il *est* un peu *fou* mais il est *génial.* J'ai un nouveau *copain. Il* s'appelle François. Il est *grand,* maigre et *blond* comme toi et il *adore* les BD et le *sport* comme moi. Et *toi,* la *rentrée,* comment ça va ? Tu *es* content ? Réponds-moi vite.
Élodie

DOSSIER 2 (page 22)

1) qui est-ce - mon grand frère 2) Qu'est-ce qu'il fait ? - Il est 3) Comment il est ? (Il est comment ?) - Il est 4) Quel âge il a ? (Il a quel âge ?) - Il a 5) Il est gentil ? 6) Tu as des sœurs ? 7) Et ton père, qu'est-ce qu'il fait ? - C'est 8) Ta - interprète - parle
9) elle ne parle pas japonais

DOSSIER 4 (page 23)

1) Quelle - Elle a la forme d'un hexagone.
2) Quel - C'est le coq. 3) Quelles - Les Pyrénées. 4) qu'est-ce que c'est - C'est - française 5) Qui - Jacques Chirac
6) Comment - Alexandre Dumas 7) De quelle couleur - jaune 8) qui est-ce - C'est un écrivain français, l'auteur de *Le tour du monde en 80 jours.* 9) Quelles - Perpignan -

Marseille - Cannes - Nice - Ajaccio
10) Quels - La Loire et la Garonne.

DOSSIER 5 (page 24)

1) Il est neuf heures du matin. Mme Chanteclair se réveille. Elle est contente.
2) Il est neuf heures 10. Elle se lève, elle chante.
3) Il est 9 heures et demie. Elle prend son petit déjeuner. Elle lit le journal.
4) Il est 10 heures moins 5. Elle se douche. Elle chante.
5) Il est 10 heures et quart. Elle parle au téléphone avec sa fille. (Elle téléphone à). Elle s'habille (finit de s'habiller).
6) Il est 11 heures moins le quart. Mme Chanteclair et sa fille se promènent dans le parc. Elles parlent (Elles sont contentes).
7) Il est midi 20. Elles déjeunent dans un bar (dans le parc). Elles mangent des sandwichs.
8) Il est 4 h 25. Elles se reposent. Elles écoutent un concert (de la musique).
9) Il est 8 h 05. Elles dînent dans un bon restaurant. Elles sont contentes.

JEUX
ET ACTIVITÉS COMPLÉMENTAIRES

VOCABULAIRE

FICHE Nº 1 : UN CARTABLE PLEIN

NOM : . . . . PRÉNOM : . . . . CLASSE : . . . .

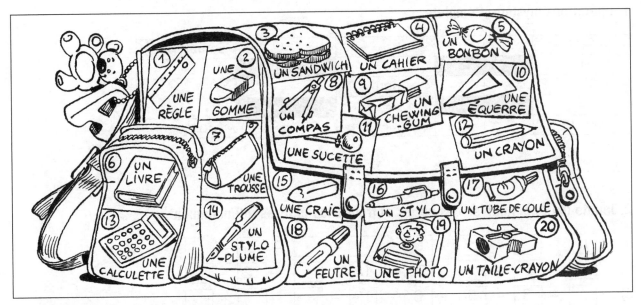

1. Qu'est-ce que c'est ? Regarde bien les numéros.

1) **6** C'est un livre.

2) **5** C'est _____ _____ .

3) **8** C'est _____ compas.

4) **12** C'_____ _____ crayon.

5) **4** _____ est _____ _____ .

6) **15** C'est une _____ .

7) **2** C'est _____ _____ .

8) **7** C'est _____ _____ .

9) **11** _____ une _____ .

10) **13** C'_____ _____ calculette.

2. *C'est un… ? C'est une … ?* Complète.

1) Qu'est-ce _____ c'est ? **9**

   C'est _____ .

2) Qu'est-ce que _____ ? **20**

   C'est _____ .

3) Qu'_____-ce que c'est ? **18**

   _____ .

4) Qu'est-_____ que c'est ? **3**

   _____ .

5) Qu'_____-_____ que c'est ? **10**

   _____ .

6) _____ est-ce que _____ ? **17**

   _____ .

7) Qu'_____-_____ que _____ ? **1**

   _____ .

8) _____-ce _____ c'est ? **19**

   _____ .

© 2005 M. Butzbach, C. Martín, D. Pastor, I. Saracíbar
© 2005 CLE INTERNATIONAL, SANTILLANA, S.A.

VOCABULAIRE

NOM : . . . . PRÉNOM : . . . . CLASSE : . . . .

1. Opérations mystère. Complète.

sept	+		=	quatorze
+	▓▓▓	+	▓▓▓	+
	+	neuf	=	
=	▓▓▓	=	▓▓▓	=
douze	+		=	vingt-huit

2. Jeu de logique. Analyse ces séries et trouve les chiffres qui manquent.

a) 17 – ☐ – 13 – 11 – ☐ – ☐ – 5 – ☐

b) 30 – 27 – ☐ – 21 – 18 – ☐ – 12 – ☐

c) ☐ – 3 – 5 – 8 – 12 – ☐ – ☐ – ☐

d) ☐ – ☐ – ☐ – 8 – 11 – 13 – 16 – ☐

3. Carré magique. La somme des chiffres est la même dans tous les sens.

sept	huit		= 18
deux			=
		cinq	=

=   =   =

4. Opération magique. Voilà une opération mystérieuse. Choisis un chiffre et fais les opérations suivantes :

☐
x 9
―――
☐

x 12345679
―――――
☐

Compare avec un(e) camarade. Qu'est-ce qui se passe ?

VOCABULAIRE

FICHE N° 3 : L'HEURE

NOM : . . . . PRÉNOM : . . . . CLASSE : . . . .

Complète les dessins et écris l'heure.

VOCABULAIRE

FICHE N° 4 : TROUVE LES DIFFÉRENCES

NOM : . . . . PRÉNOM : . . . . CLASSE : . . . .

Observe ces illustrations. a) Trouve les différences. b) Où sont la règle, le sac et la calculette ?

Dans la classe A…

_____

_____

_____

_____

_____

Dans la classe B…

_____

_____

_____

_____

_____

VOCABULAIRE

FICHE N° 5 : LES COULEURS

NOM : . . . . PRÉNOM : . . . . CLASSE : . . . .

Les couleurs cachées. Trouve les 11 couleurs cachées dans cette grille.

B	R	R	O	S	E	C	F	M	J	I	D
K	S	B	P	P	K	B	B	F	A	R	N
V	I	O	L	E	T	N	L	C	U	X	T
L	K	V	J	J	S	E	E	I	N	G	Q
R	S	G	Q	T	V	L	U	E	E	Z	X
K	M	A	R	R	O	N	H	V	J	C	B
H	Y	F	Q	Q	R	E	D	N	N	S	L
G	T	C	M	Z	A	J	D	M	O	R	A
X	V	D	M	Z	N	X	G	R	I	S	N
C	E	E	T	I	G	O	U	W	R	H	C
V	R	R	T	P	E	H	E	L	B	H	Z
B	T	J	R	I	Z	A	R	O	U	G	E

Les couleurs croisées. Complète.

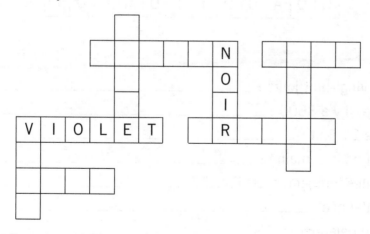

VOCABULAIRE

FICHE N° 6 : MOTS CACHÉS

NOM : . . . . PRÉNOM : . . . . CLASSE : . . . .

Retrouve, dans ces mots croisés, 10 mots qui ont un rapport avec le temps. Ensuite, recopie-les à côté de leur définition.

S	H	I	V	E	R	F	J	P	T	T	A
H	N	M	O	P	C	Z	U	E	K	T	M
H	E	U	R	E	T	F	R	X	U	V	I
D	T	R	W	F	X	D	S	Y	R	D	D
E	S	F	E	V	R	I	E	R	R	B	I
M	A	E	T	P	E	S	C	L	O	C	T
Y	M	D	G	X	D	R	O	W	A	N	U
H	E	A	U	T	O	M	N	E	H	S	E
G	D	L	P	P	M	P	D	M	Z	S	T
I	I	Q	G	Y	N	K	E	V	S	S	E
K	N	R	M	Z	Q	F	S	X	B	T	W
G	O	A	O	U	T	T	O	M	B	U	F

1) Il a seulement vingt-huit jours : _____

2) Dans une heure, il y a 3600 : _____

3) Il commence le 21 juin : _____

4) Il est au milieu de la semaine : _____

5) Quand les feuilles tombent, c'est l'_____

6) Le 8ᵉ mois de l'année : _____

7) C'est l'heure du déjeuner : _____

8) Il y en a 24 dans une journée : _____

9) Le 6ᵉ jour de la semaine : _____

10) En Europe, c'est la saison la plus froide : _____

VOCABULAIRE

FICHE N° 7 : PROFESSIONS

NOM : . . . . PRÉNOM : . . . . CLASSE : . . . .

Quelle est sa profession ? Remplis les étiquettes à l'aide de la boîte à mots.

> footballeur • infirmière • informaticienne • docteur • employé de bureau • maçon •
> chauffeur • commerçant • mécanicien • architecte • électricien • journaliste

1) un _____

2) une _____

3) _____

4) _____

5) _____

6) _____

7) _____

8) _____

9) _____

10) _____

11) _____

12) _____

GRAMMAIRE

NOM : . . . . PRÉNOM : . . . . CLASSE : . . . .

1) _____ est petite. (Il / Elle)

2) _____ laid. (Il est / Elle est)

3) _____ est fou. (Paul / Marie)

4) _____ belle. (Il est / Elle est)

5) _____ est horrible. (C' / Tu)

6) _____ suis brune. (Moi, je / Toi, tu)

7) _____ est génial. (Elle / C')

8) _____ es très excentrique. (Tu / Il)

9) _____-tu les jeux vidéo ? (Aimes / Aime)

10) _____ adore la récré. (J' / Tu)

11) _____ détestes les contrôles.
    (Elle / Tu)

12) Comment _____ appelles ?
    (tu t' / je m')

13) Elle s'appelle _____. (Hector / Marie)

14) Il s'appelle Julien. _____.
    (Il est étudiant. / Elle est étudiante.)

15) _____ est une grande
    imaginative ! (Tu / C')

16) Mme Dubois, _____
    (qui est-ce ? / qu'est-ce que c'est ?)

17) _____ est Julie ?
    (Comment / Qui est-ce)

18) _____ ?
    C'est une calculette. (Qu'est-ce que
    c'est / Qui est-ce)

19) C'est une _____.
    (grande table / petit sac)

20) _____ film horrible.
    (C'est un / C'est une)

GRAMMAIRE

NOM : . . . . PRÉNOM : . . . . CLASSE : . . . .

1) _____ manges un sandwich.
(Tu / Je)

2) _____ préparent une pizza.
(Elle / Elles)

3) Ils _____ un programme
formidable. (écoutent / écoute)

4) M. et Mme Musculus _____
dans le camping. (sont / est)

5) _____ regardent tranquillement
la télé. (Il / Ils)

6) Voilà _____ de Frédéric. Ils
sont étrangers. (le voisin / les voisins)

7) Quel âge _____ ? (tu as / tu es)

8) _____ 14 ans. (Moi, je / Moi, j'ai)

9) Ma copine _____ une moto.
(a / est)

10) Tu _____ très sportive. (es / est)

11) M. Delajambe _____ un nez très
long. (est / a)

12) La classe _____. (est sale /
sont sales)

13) Les toilettes du camping sont
_____. (sale / sales)

14) Il _____ aime pas l'opéra.
(ne / n')

15) _____ pas idiots. (Ils ne
sont / Elles ne sont)

16) Elle ne _____ l'anglais.
(parle / parle pas)

17) Dans le camping, il y a _____
arbres. (des / un)

18) Je ne trouve pas _____ clés.
(ma / mes)

19) _____ sont très sympas.
(Son ami / Ses amis)

20) Je téléphone à _____ cousine.
(ta / ton)

21) _____ grande sœur est
chanteuse. (Son / Sa)

22) _____ lunettes sont horribles.
(C'est / Ses)

GRAMMAIRE

FICHE N° 3

NOM : . . . . PRÉNOM : . . . . CLASSE : . . . .

1) _____ est ta couleur préférée ?
(Quelle / Quel)

2) _____ sont tes passe-temps préférés ? (Quels / Quelles)

3) _____ est ton numéro de téléphone ? (Quelle / Quel)

4) _____ écoutes un CD de jazz ?
(Tu / T')

5) _____ observe les mouches.
(Je / J')

6) Véronique est _____ amie de Vincent. (la / l')

7) _____ hélicoptères de la police sont là. (L' / Les)

8) Il _____ pas le téléphone.
(n'a / n'est)

9) Elle _____ pas contente.
(ne / n'est)

10) Paul, Myriam, _____ la porte, s'il vous plaît. (fermez / ferme)

11) _____, j'ai un secret à te dire.
(Écoute / Écoutez)

12) _____ un paquet pour vous, tenez ! (Nous avons / Vous avez)

13) Vous _____ prêts pour commencer ? (est / êtes)

14) Nous _____ des exercices très difficiles. (avons / sommes)

15) Nous _____ fantastiques !
(avons / sommes)

16) _____ pas la télé, et vous ? (Nous ne regardons / Vous ne regardez)

17) _____ un examen facile.
(Ils sont / Ils ont)

18) Je _____ pas le permis de moto.
(n'ai / ne)

19) Vous _____ intéressés ?
Écrivez-nous ! (c'est / êtes)

20) Les enfants, s'il vous plaît, _____ plus fort ! (chantent / chantez)

GRAMMAIRE

FICHE N° 4

NOM : . . . . PRÉNOM : . . . . CLASSE : . . . .

1) Elle adore le chocolat _____ .
(blanc / blanche)

2) Vous avez les yeux _____ .
(noirs / noires)

3) Ta sœur a un cahier _____ .
(vert / verte)

4) Sa tortue est _____ . (gris /
grise)

5) Mesdames et messieurs, _____
ce tableau. (regarde / regardez)

6) Marie, _____ à ta grand-mère.
(téléphone / téléphonez)

7) Silence ! Ne _____ pas, vous
faites un examen ! (parle / parlez)

8) Les enfants, _____ une
maison. (dessine / dessinez)

9) Armand, tu dois faire tes devoirs, ne
_____ pas la télé. (regarde /
regardez)

10) _____ écoute tout le temps la
radio. (On / Nous)

11) Nous sommes contents : on
_____ des vacances ! (a / avons)

12) Daniel et moi, _____ très
copains. (ils sont / on est)

13) _____ laves les cheveux ?
(Je me / Tu te)

14) Normalement, _____ se
réveille très tard. (je / il)

15) Comment vous _____ appelez ?
(s' / vous)

16) _____ habille en 5 minutes.
(Je m' / Tu t')

17) Combien de fois par jour _____
brossez les dents ? (vous vous / vous)

18) Charles et Marie _____ à la
sortie de l'école. (se rencontrent / se
rencontre)

19) _____ couchons pas tard.
(Nous ne / Nous ne nous)

20) Excusez-moi, je ne _____
ça. (rappelle pas / me rappelle pas)

GRAMMAIRE

FICHE N° 5

NOM : . . . . PRÉNOM : . . . . CLASSE : . . . .

1) Mme Tatin, _____ ?
(qui est-ce / qu'est-ce que c'est)

2) Tiens, un bruit bizarre, _____ ?
(qui est-ce / qu'est-ce que c'est)

3) _____ qu'elle fait ? (Est-ce /
Qu'est-ce)

4) _____ qu'elle cherche ? (Est-ce /
Qu'est-ce)

5) _____ il lance le ballon ? (Est-ce
qu' / Qu'est-ce qu')

6) _____ tu veux pour dîner ?
(Qu'est-ce que / Est-ce que)

7) Il découvre la vérité _____ il est
très observateur. (parce que / parce qu')

8) Elle crie _____ elle a peur.
(pourquoi / parce qu')

9) _____ il proteste ? (Pourquoi /
Parce qu')

10) _____ de chats a Mme Tatin ?
(Combien / Quand)

11) Combien _____ professeurs il
y a dans ton lycée ? (des / de)

12) Tu as combien _____ amis ?
(de / d')

13) Elle est _____ son
appartement. (en / dans)

14) Elle habite _____ de la
pharmacie. (à droite / devant)

15) Le cinéma est _____ de la
place. (à gauche / derrière)

16) Les plantes sont _____ la
porte. (à côté / devant)

17) _____ sont les clés ? (Où /
Combien)

18) Le chat est _____ le salon.
(sur / dans)

19) Les papiers sont _____ la
chaise. (sur / dans)

20) L'arbre est _____ de la maison.
(à côté / derrière)

GRAMMAIRE

NOM : . . . . PRÉNOM : . . . . CLASSE : . . . .

CHOISIS ET COMPLÈTE.

1) _____ sont ces petits hommes bleus ? (Qu'est-ce que / Qui)

2) Cristal, _____ ? (qu'est-ce que c'est / qui est-ce)

3) _____ tu connais Françoise ? (Est-ce que / Qu'est-ce que)

4) _____ elle fait ? (Est-ce qu' / Qu'est-ce qu')

5) _____ est-ce qu'elle travaille ? (Où / Qui)

6) Un ornithorynque, _____ ? (qui est-ce / qu'est-ce que c'est)

7) _____ vous prenez au petit déjeuner ? (Qu'est-ce que / Est-ce que)

8) _____ est ta chanson préférée ? (Quelle / Qu'est-ce qu')

9) _____ est-ce que tu es libre ? (Combien / Quand)

10) _____ de CD tu as ? (Comment / Combien)

11) _____ tu es triste ? (Pourquoi / Parce que)

12) Je suis en retard _____ ma montre ne marche pas. (pourquoi / parce que)

13) Elles _____ à Paris. (vont / allons)

14) Je _____ chez des copains. (va / vais)

15) Où est-ce que tu _____ dimanche matin ? (vas / vais)

16) Il va au _____. (lycée / hôtel)

17) Vous travaillez à la _____. (bibliothèque / université)

18) Elle a rendez-vous _____ docteur. (chez le / au)

19) Il est _____ toilettes. (à la / aux)

20) J'adore aller _____ cinéma. (au / aux)

ORAL EN TANDEM

INTRODUCTION

Dans cette section, on trouvera un ensemble de fiches interactives ou coopératives qui proposent des situations de communication orales (jeux de rôle, canevas, etc.) ou des problèmes à résoudre.

1. OBJECTIF :

Ces fiches visent le réemploi oral de certains contenus linguistiques et communicatifs travaillés dans chaque dossier.

- Les activités proposées confrontent les élèves à une situation orale où ils devront mobiliser leurs connaissances et leurs moyens d'expression. Ces activités permettent le plus souvent de mettre en jeu non seulement la spontanéité et la capacité d'improvisation des élèves mais aussi de réemployer des actes de parole et des contenus de grammaire précis.

- Les situations proposées devront se dérouler dans une ambiance décontractée afin d'amener l'élève à s'exprimer le plus librement possible.

- Au dos de chaque fiche, le professeur trouvera :
  - -les contenus linguistiques mis en jeu,
  - -les tâches à réaliser,
  - -des suggestions d'utilisation avec des variantes.

- Cette activité permettra au professeur d'observer le niveau de compétence orale de ses élèves (voir *Fichier Évaluation*).

2. MÉTHODOLOGIE :

• Les activités proposées sont prévues pour une utilisation en tandem, où chaque élève a une tâche et un rôle différent de celui de son / sa partenaire.

• Le rôle de chaque élève est précisé sur les fiches photocopiables que le professeur distribuera selon le rôle à jouer.

Avant la réalisation de l'activité, vérifier si les élèves ont bien compris les tâches à réaliser et la démarche à suivre.

ORAL EN TANDEM

FICHE Nº 1 : JEU DE RÔLE : RENCONTRE

Tu es le personnage A.

SITUATION :

C'est la rentrée. Il y a un nouveau / une nouvelle à l'école. À la récré, il / elle est seul(e). Tu décides de lui parler.

CARACTÉRISTIQUES :

Tu es très sympa. Tu es un peu sourd(e). Tu as un objet insolite.

CANEVAS :

-A rencontre et salue B.
-B répond.
-A et B se présentent.
-A pose des questions à B sur :
 ses goûts et ses préférences,
 son emploi du temps.
-B répond.
-B demande à A qui est son prof de maths
 et comment il est.
-A répond.
-A a un objet insolite !!
-B demande des informations sur cet objet.
-A répond.
-B donne son opinion sur cet objet.
-RIIIIIING !!! c'est la fin de la récré.
-A et B se disent au revoir.

Tu es le personnage B.

SITUATION :

C'est la rentrée. Tu es nouveau / nouvelle.
À la récré, tu es seul(e).
Un garçon / une fille parle avec toi.

CARACTÉRISTIQUES :

Tu es très sympa et (un peu) excentrique.

CANEVAS :

-A rencontre et salue B.
-B répond.
-A et B se présentent.
-A pose des questions à B sur :
 ses goûts et ses préférences,
 son emploi du temps.
-B répond.
-B demande à A qui est son prof de maths
 et comment il est.
-A répond.
-A a un objet insolite !!
-B demande des informations sur cet objet.
-A répond.
-B donne son opinion sur cet objet.
-RIIIIIING !!! c'est la fin de la récré.
-A et B se disent au revoir.

ORAL EN TANDEM

FICHE N° 1 : JEU DE RÔLE : RENCONTRE

CONTENUS :

Salutations
Présentations
Goûts et préférences
Description
Emploi du temps
Appréciations

DÉROULEMENT :

Option 1
Par groupes de 2.

1) Chaque élève reçoit une fiche (personnage A ou B) et le canevas de la situation.

2) Laisser un temps de préparation (5 ou 10 minutes) pour que les élèves puissent poser des questions au professeur, consulter leur Livre, leur Cahier.

Option 2
La classe divisée en deux groupes : groupe A et groupe B.

1) Distribuer les fiches correspondantes à chaque groupe ainsi que le canevas de la situation.

2) Pour la représentation du dialogue, prendre au hasard un élève du groupe A et un élève du groupe B.
Conseils : ne jamais interrompre la conversation. Laisser les élèves se débrouiller.

NOTATION :

Capacité d'expression : / 5
Capacité d'improvisation : / 5
Prononciation / Intonation : / 5
Correction des phrases : / 5

SCORE TOTAL : / 20

Commentaires :

_____

_____

_____

_____

ORAL EN TANDEM

FICHE Nº 2 : JEU : TROUVE LES DIFFÉRENCES

Tu es le personnage A.

SITUATION :

Pose des questions pour trouver les 7 différences entre ton dessin et le dessin de l'élève B. Surtout, ne montre pas ton dessin à ton / ta partenaire !

Tu es le personnage B.

SITUATION :

Pose des questions pour trouver les 7 différences entre ton dessin et le dessin de l'élève A. Surtout, ne montre pas ton dessin à ton / ta partenaire !

ORAL EN TANDEM

FICHE N° 2 : JEU : TROUVE LES DIFFÉRENCES

CONTENUS :

La forme négative
Présent des verbes en *-er*
Le pluriel : noms, adjectifs, articles, verbes
Les parties du corps
Questions : *Il y a un / une / des... Qui est-ce ? Il / Elle* + action

DÉROULEMENT :

Option 1
Par groupes de 2.

1) Chaque élève doit poser des questions pour trouver les 7 différences entre son dessin et celui de son / sa partenaire. Il ne faut surtout pas montrer le dessin à son / sa partenaire. 2) Chaque élève, à tour de rôle, pose une question jusqu'à ce qu'il trouve les 7 différences.

Option 2
Activité collective.

Un élève (ou plusieurs) passe au tableau avec le dessin B. Le reste de la classe a le dessin A et pose des questions jusqu'à ce qu'il trouve les 7 différences.

Option 3
Diviser la classe en deux moitiés.

1) Distribuer le dessin A à un groupe et le dessin B à l'autre groupe. 2) Un élève de chaque groupe doit poser les questions permettant de trouver les différences entre son dessin et celui de l'autre groupe. Chaque élève, à tour de rôle, pose une question jusqu'à ce qu'un groupe trouve les 7 différences.

Commentaires :

_____

_____

_____

_____

ORAL EN TANDEM

FICHE N° 3 : JEU DE RÔLE : INTERVIEW À LA RADIO

Tu es le personnage A.

SITUATION (complète) :

Tu es invité(e) à un programme de radio.
Tu réponds aux questions du / de la journaliste.
Tu es membre de l'association ————————————————————————.
Son numéro de téléphone est : ————————————————————————.
Son adresse est : ————————————————————————.
Calendrier d'activités de ton association pour ce mois-ci : ————————————

——

——

CARACTÉRISTIQUES :

Tu parles de ton association avec beaucoup d'enthousiasme.
Tu incites les auditeurs / auditrices à participer, à devenir membres de ton association.

✂ -

Tu es le personnage B.

SITUATION (complète) :

Tu es journaliste à *Radio* ————————————————————————.
Tu présentes le programme ————————————————————————.
Tu présentes le personnage invité.
Tu poses des questions à ton personnage invité sur les activités de son association, tu demandes son adresse et son numéro de téléphone.

CARACTÉRISTIQUES :

Tu es dynamique et sympa. Tu as le sens de l'humour. Tu répètes en écho tout ce que dit le membre de l'association.

Pour t'aider à réaliser ton émission invente :
a) les caractéristiques de ton émission,
b) la façon dont tu vas présenter ton personnage,
c) les questions que tu vas lui poser.

ORAL EN TANDEM

FICHE Nº 3 : JEU DE RÔLE : INTERVIEW À LA RADIO

CONTENUS : Présentation d'un programme de radio, d'une association, d'un groupe.
Questions et réponses sur l'identité : nom, prénom, âge, etc.
Questions sur les activités de l'association : *Quel(s) / Quelle(s)...?*
Présent des verbes *avoir*, *être* et verbes en *-er* (pluriel).

DÉROULEMENT :

Option 1
Diviser la classe en 2.

1) Distribuer la fiche A à un groupe et la fiche B à l'autre groupe.
2) Laisser un temps de préparation pour se mettre dans la peau de chaque personnage, remplir les fiches et prévoir les différentes interventions orales.
3) Rappeler à chaque groupe les caractéristiques de son personnage car celles-ci devront se manifester lors de l'interview. (Observer les capacités d'improvisation et de réaction des élèves).
4) Au moment de l'interview, les élèves pourront avoir leur fiche sous les yeux. Il est absolument interdit d'écrire le texte de l'interview.
5) Choisir au hasard un élève du groupe A et un élève du groupe B pour mettre en scène le jeu de rôle. Faire intervenir plusieurs groupes.

Option 2
Par groupes de 2.

1) Chaque élève reçoit une fiche (personnage A ou B).
2) Laisser un temps de préparation pour se mettre dans la peau de chaque personnage, remplir les fiches et prévoir les différentes interventions orales.
3) Rappeler à chaque groupe les caractéristiques de son personnage car celles-ci devront se manifester lors de l'interview. (Observer les capacités d'improvisation et de réaction des élèves).
4) Au moment de l'interview, les élèves pourront avoir leur fiche sous les yeux. Il est absolument interdit d'écrire le texte de l'interview.
5) Au moment de l'interview, le professeur passe auprès des groupes et observe les interventions des élèves.

Commentaires :

_____

_____

_____

ORAL EN TANDEM

FICHE N° 4 : JEU DE RÔLE : DIDI EST ADORABLE

Tu es le personnage A.

SITUATION :

Tu es le grand frère ou la grande sœur de Didi (4 ans).

Ta mère / ton père ne sont pas à la maison et, aujourd'hui, le / la baby-sitter vient prendre des renseignements sur ton petit frère (son caractère, ses horaires, etc.).

Tu parles avec lui / elle.

CARACTÉRISTIQUES :

Tu as 15 ans.
Tu es sympa.
Ton frère te fatigue.

Pour t'aider à réaliser le dialogue, invente :
a) le caractère de ton frère,
b) la journée de Didi.

Tu es le personnage B.

SITUATION :

Tu es le / la baby-sitter de Didi (4 ans). Aujourd'hui, c'est la 1ère rencontre avec le père / la mère de l'enfant.

Tu arrives chez Didi mais un garçon / une fille ouvre la porte.

CARACTÉRISTIQUES :

Tu as 18 ans.
Tu es gai(e).
Tu adores les enfants.

Pour t'aider à réaliser le dialogue, invente :
a) les questions sur les goûts et les préférences de l'enfant,
b) ses horaires et ses habitudes.

ORAL EN TANDEM

FICHE N° 4 : JEU DE RÔLE : DIDI EST ADORABLE

CONTENUS :

Salutations, présentations
Actions quotidiennes, heures et moments de la journée
Questions portant sur les habitudes de quelqu'un, sur son caractère
Verbes pronominaux

DÉROULEMENT :

Option 1
Par groupes de 2.

1) Chaque élève reçoit une fiche (personnage A ou B).
2) Laisser un temps de préparation pour se mettre dans la peau de chaque personnage et prévoir les questions ou réponses à donner et préparer les répliques.
3) Au moment de la représentation du jeu de rôle, les élèves peuvent avoir la fiche sous les yeux.

Option 2
Diviser la classe en 2 groupes.

1) Distribuer la fiche A à un groupe et la fiche B à l'autre groupe.
2) Laisser un temps de préparation pour se mettre dans la peau de chaque personnage et prévoir les questions ou réponses à donner et préparer les répliques.
3) Au moment de la représentation du jeu de rôle, les élèves peuvent avoir la fiche sous les yeux.

Commentaires :

_____

_____

_____

_____

ORAL EN TANDEM

FICHE N° 5 : JEU : L'ARTISTE PEINTRE

Dessin A.

Complète le dessin avec les éléments suivants : une moto, un ballon, une télé, un serpent, un chapeau, un bébé, un gâteau d'anniversaire et une chaise.

Dessin B.

Dessine les objets que ton / ta partenaire te dicte à l'endroit indiqué.

ORAL EN TANDEM

FICHE N° 5 : JEU : L'ARTISTE PEINTRE

CONTENUS : Locatifs
L'impératif

DÉROULEMENT : **Option 1**
Par groupes de 2.

1) Chaque élève reçoit une fiche avec les dessins A et B.

2) Tous les élèves complètent le dessin A en ajoutant où ils veulent les objets suivants : une moto, un ballon, une télé, un serpent, un chapeau, un bébé, un gâteau d'anniversaire et une chaise. Il ne faut surtout pas montrer son dessin à son / sa partenaire.

3) À tour de rôle, chaque élève dicte la place de ses objets à son / sa partenaire. Exemple : *Le ballon est sur la maison.*

4) À tour de rôle, chaque élève dessine sur le dessin B les 8 objets que son partenaire lui dicte.

5) Les élèves comparent leur dessin B avec le dessin A de leur partenaire. Les ordres ont été bien donnés ? Bien exécutés ?

Option 2
Diviser la classe en 2.

Chaque groupe donne les consignes à l'autre groupe pour la réalisation du dessin.

VARIANTE : Chaque élève devine, grâce à des questions, l'endroit où son / sa partenaire a placé chaque objet. On n'a droit qu'à 3 questions par objet. Exemple : *Le ballon est derrière l'arbre ? Non. Il est à côté de la porte ? Oui.*

Commentaires :

_____

_____

_____

_____

JEUX ET ACTIVITÉS COLLECTIVES

FICHE N° 1 : CALENDRIER ANNIVERSAIRES

1. Complète les mois de l'année sur les feuilles de ce calendrier.
2. Demande à tes camarades le jour de leur anniversaire.
3. Écris sur les feuilles de calendrier les prénoms de tous tes camarades de classe et la date de leur anniversaire.

JEUX ET ACTIVITÉS COLLECTIVES

FICHE N° 1 : CALENDRIER ANNIVERSAIRES

OBJECTIFS : Revoir la formulation de la date. Établir collectivement un calendrier d'anniversaires.

CONTENUS : La date, les mois de l'année, l'anniversaire, questions sur la date.

DÉROULEMENT : 1) Laisser les élèves se promener dans la classe pour demander à leurs camarades la date de leur anniversaire.
2) Au bout de 10 minutes, tout le monde devrait avoir copié au moins 6 prénoms avec la date correspondante.
3) Faire la mise en commun : « Quelle est la date d'anniversaire de... ? » « Qui est né au mois de... ? » et compléter toute la fiche.

VARIANTE : À l'aide des renseignements obtenus, compléter le calendrier collectivement. Chaque élève pose la question à une ou deux personnes, le reste de la classe prend note sur sa feuille calendrier.

ÉLARGISSEMENT : Une fois le calendrier réalisé, l'afficher dans la classe. Chanter « Joyeux anniversaire... » chaque fois que c'est l'anniversaire de quelqu'un. (Savez-vous que c'est la chanson la plus chantée dans le monde entier ?). Faire la bise à la française (3 ou 4 fois).

Commentaires :

_____

_____

_____

_____

JEUX ET ACTIVITÉS COLLECTIVES

FICHE N° 2 : JEU DE VERBES

parler	être
écouter	pleurer
sauter	regarder
aimer	penser
détester	chanter
adorer	avoir
être	être
avoir	organiser
danser	copier
jouer	chercher
glisser	avoir
tomber	être
manger	observer
téléphoner	avoir
avoir	être

je	tu	?
tu	il	!
il	elle	+
elle	nous	-
nous	vous	+
vous	ils	?
ils	elles	!
elles	on	!
on	tes amies	+
mes copains	sa sœur	-
ma cousine	Julie	?
sa voisine	je	-
son oncle	toi, tu	+
ton père	Julie et ses copains	!
je	moi, je	+

JEUX ET ACTIVITÉS COLLECTIVES

FICHE Nº 2 : JEU DE VERBES

OBJECTIFS :   Réemploi de formes verbales précises dans une phrase.

CONTENUS :   Verbes du 1er groupe, *avoir* et *être* au présent.

DÉROULEMENT :   1) Photocopier la fiche et la coller sur du papier cartonné, découper les petits cartons.
2) Mettre les cartons des verbes dans une boîte, ceux des sujets dans une autre et ceux des signes de ponctuation dans une troisième.
3) Chaque élève pioche un carton de chaque boîte et doit construire une phrase avec.

VARIANTE :   On peut diviser la classe en deux équipes et transformer l'activité en concours.

Commentaires :

_____

_____

_____

_____

JEUX ET ACTIVITÉS COLLECTIVES

FICHE N° 3 : CONCOURS

☆ = Que veut dire... ? △ = Comment on dit... en français ? ○ = Comment on écrit... ?

☆	△	○	☆	△
△	○	☆	△	○
☆	△	○	☆	△

✂ -

☆ = Que veut dire... ? △ = Comment on dit... en français ? ○ = Comment on écrit... ?

☆	△	○	☆	△
△	○	☆	△	○
☆	△	○	☆	△

JEUX ET ACTIVITÉS COLLECTIVES

FICHE N° 3 : CONCOURS

OBJECTIFS : Réemployer des phrases utiles pour communiquer en classe. Réviser des connaissances en faisant un concours.

CONTENUS : Phrases utiles pour communiquer en classe.
Attitudes et comportements dans un jeu.

DÉROULEMENT : Par groupes de 4 / 5 élèves.
1) Chaque élève a une grille avec des cases à remplir. Dans chaque case, il y a un petit code qui indique le type de question à formuler :

a) ☆ = Que veut dire… ?

b) △ = Comment on dit… en français ?

c) ◯ = Comment on écrit… ?

2) Les 4 / 5 élèves de chaque groupe se mettent d'accord pour choisir les 15 mots qu'ils vont écrire dans les cases de la grille.
Exemple : a) feutre   b) january   c) automne
3) Puis, chaque groupe pose ses questions à un autre groupe et vice versa. L'élève qui lève la main le premier répond et si la réponse est bonne il obtient 1 point pour son équipe.

VARIANTE : 1) Toute la classe peut jouer ensemble et chaque équipe peut poser une question à tour de rôle.
2) On peut organiser le jeu en divisant la classe en équipes adverses :
Équipe A joue contre B.
Équipe C joue contre D.
Équipe E joue contre F.

Commentaires :

_____

_____

_____

_____

JEUX ET ACTIVITÉS COLLECTIVES

FICHE N° 4 : LOTO

Grille A

✂ -

Grille B

JEUX ET ACTIVITÉS COLLECTIVES

FICHE N° 4 : LOTO

Dans le Loto traditionnel, on utilise les chiffres de 0 à 99. Dans la classe de langue, à mesure que l'on apprend les chiffres, on peut jouer au loto grâce à une grille vide que les élèves rempliront selon le niveau de leurs connaissances et les points de langue étudiés.

DÉROULEMENT :

1) Procéder comme dans la version traditionnelle : photocopier une grille pour chaque élève.

2) Pour remplir les cases, on propose aux élèves le point à revoir. Exemples :

a) <u>Les nombres de 0 à 39.</u> (grille A)

b) <u>Les nombres de 40 à 79, etc.</u> (grille A)

c) <u>Les verbes au présent :</u>
1e ligne : 1e pers. du sing. ; 2e ligne : 2e pers. du sing. ; 3e ligne : 3e pers. du sing. 4e ligne : 2e pers. du plur. (grille A)

d) <u>Des mots de vocabulaire :</u> les mois de l'année, les saisons, les jours de la semaine, les repas, le matériel de classe, les habits, la famille, etc. (grille A)

e) <u>Révision des nombres de 0 à 99 :</u> 1e ligne : de 0 à 9 ; 2e ligne : de 10 à 19 ; 3e ligne : de 20 à 29 ; 4e ligne : de 30 à 39, etc. (grille B)

3) Chaque élève remplit quelque cases avec les thèmes choisis. Par exemple, pour la grille A, 20 cases et pour la grille B, 40 cases. Il barre ou illustre à son gré les cases restantes.

4) Le professeur copie sur des petits papiers la liste complète du point à revoir. Il met les petits papiers dans un sac ou une boîte. Il prend au hasard un petit papier, le lit à haute voix.

5) Quand un élève a rempli, par exemple, tous les numéros d'une ligne, il doit l'annoncer à haute voix « ligne ! ». Le jeu s'arrête un moment, l'élève doit lire le contenu de « sa ligne » pour en vérifier la correction et le jeu continue. Le jeu finit quand un(e) élève a barré tout le contenu du carton. Il / elle crie alors « carton plein ! ». C'est le / la gagnant(e) si le contenu est exact.

Prévoir des petits prix pour les gagnant(e)s.

JEUX ET ACTIVITÉS COLLECTIVES

FICHE N° 5 : BATAILLE NAVALE

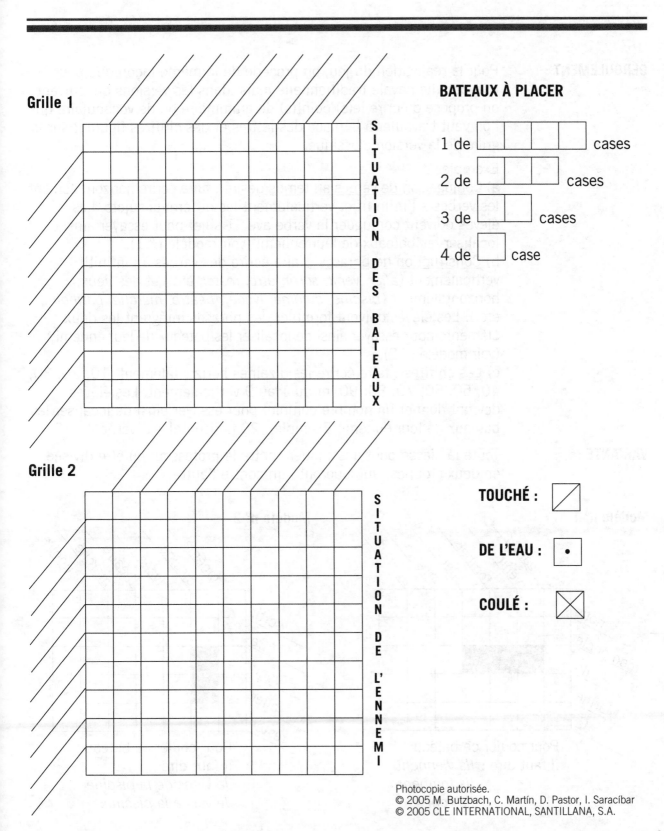

Grille 1

SITUATION DES BATEAUX

Grille 2

SITUATION DE L'ENNEMI

BATEAUX À PLACER

1 de ⬜⬜⬜⬜ cases

2 de ⬜⬜⬜ cases

3 de ⬜⬜ cases

4 de ⬜ case

TOUCHÉ : ◹

DE L'EAU : ·

COULÉ : ⊠

JEUX ET ACTIVITÉS COLLECTIVES

FICHE Nº 5 : BATAILLE NAVALE

DÉROULEMENT : Pour la réalisation du jeu, on procède de la même façon que pour une bataille navale traditionnelle mais, dans les versions qui suivent, on propose d'écrire le(s) point(s) de grammaire ou de vocabulaire que l'on veut travailler à la place des lettres et des chiffres figurant sur la grille de la version classique.

Exemples :

a) <u>Conjugaison de verbes au temps désiré :</u> faire écrire horizontalement les verbes à l'infinitif et verticalement les différents sujets. Les élèves doivent conjuguer le verbe avec 1 sujet pour essayer ainsi de localiser les bateaux de leur ennemi (voir modèle nº 1).

b) <u>Construction de phrases :</u> faire écrire des verbes à l'infinitif verticalement (*aller, venir, sortir, être, rester,* etc.) et des lieux, horizontalement (*piscine, cinéma, lycée, théâtre, marché, patinoire,* etc.). Les élèves doivent formuler des phrases intégrant les deux éléments pour essayer ainsi de localiser les bateaux de leur ennemi (voir modèle nº 2).

c) <u>Les chiffres :</u> faire écrire les dizaines horizontalement (10, 20, 30, 40, 50, 60, 70, 80, 90) et du 1 au 9 verticalement. Les élèves devront donner un nombre complet pour essayer ainsi de localiser les bateaux de leur ennemi. Exemple : 20 horizontal + 3 vertical : 23.

VARIANTE : Toute la classe peut aussi jouer contre le professeur ou être divisée en deux groupes, qui joueront l'un contre l'autre.

Modèle nº 1

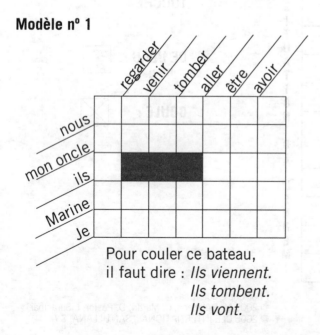

Pour couler ce bateau,
il faut dire : *Ils viennent.*
Ils tombent.
Ils vont.

Modèle nº 2

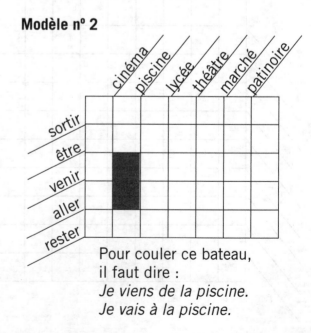

Pour couler ce bateau,
il faut dire :
Je viens de la piscine.
Je vais à la piscine.

Vive le vent		Oh, douce nuit
Vive le vent, vive le vent	Joyeux, joyeux Noël	Douce nuit
Vive le vent d'hiver	Aux mille bougies	Belle nuit
Qui s'en va sifflant soufflant	Quand chantent vers le ciel	C'est Noël aujourd'hui
Dans les grands sapins verts	Les cloches de la nuit.	Une étoile illumine la nuit
Oh… Vive le temps,	Oh… Vive le vent,	Et le ciel est d'un bleu infini
Vive le temps	Vive le vent	Tout est calme
Vive le temps d'hiver	Vive le vent d'hiver	Et tout rêve
Boule de neige et jour de l'an	Qui rapporte aux vieux enfants	Dans la paisible nuit.
Et bonne année grand-mère !	Leurs souvenirs d'hier.	

JEUX ET ACTIVITÉS COLLECTIVES

FICHE N° 6 : NOËL / L'AMI INVISIBLE

L'AMI INVISIBLE (Variante simplifiée de la version traditionnelle de ce jeu).

OBJECTIF :   Créer une ambiance de Noël dans la classe et encourager les bonnes relations dans le groupe-classe.

CONTENUS :   Formulation de souhaits
Remerciements
Appréciations
Compliments

DÉROULEMENT :   1) À l'occasion de Noël, faire un petit cadeau accompagné d'une carte (illustration du père Noël) et d'un message mystérieux à un(e) camarade.
2) Les élèves piochent dans une boîte un petit papier avec le prénom de l'ami invisible. Ils ne communiquent à personne ce prénom. Ils collent la photocopie du père Noël sur un petit carton, la colorient et la décorent de la façon la plus belle possible (ou ils la dessinent s'ils veulent). Ensuite, au dos de la carte « père Noël », ils écrivent un message mystérieux où ils laisseront des indices pour que l'ami invisible devine leur identité. Exemple : *Je suis assis(e) loin de toi. Je viens en bus à l'école.*
Finalement, ils attachent cette carte à un cadeau à l'aide d'un petit cordon.
3) Le cadeau offert peut être acheté ou bien fabriqué par l'élève, à condition qu'il soit bien fait.
4) Le jour de la fête, les élèves mettent leur cadeau accompagné de la carte « père Noël » sur la table du professeur. Le professeur ou un élève prend un cadeau au hasard, lit le prénom écrit sur l'étiquette et appelle l'élève nommé. Celui-ci lit à haute voix le message mystérieux et, à l'aide des indices, essaie de deviner qui lui offre ce cadeau. Il ouvre le paquet, remercie alors gentiment (obligatoire) cette personne et lui souhaite un Joyeux Noël.

ÉLARGISSEMENT :   **Cartes de vœux**
Fabriquer des cartes pour souhaiter un Joyeux Noël et une Bonne Année aux familles.
Choisir à partir de la fiche les expressions nécessaires pour écrire le texte.
Avant d'envoyer les cartes, les exposer dans la classe.

SOLUTIONS

VOCABULAIRE

FICHE N° 1 (page 51)

Exercice 1

1) C'est un livre. 2) C'est un bonbon.
3) C'est un compas. 4) C'est un crayon.
5) C'est un cahier. 6) C'est une craie.
7) C'est une gomme. 8) C'est une trousse.
9) C'est une sucette. 10) C'est une calculette.

Exercice 2

1) Qu'est-ce que c'est ? C'est un chewing-gum. 2) Qu'est-ce que c'est ? C'est un taille-crayon. 3) Qu'est-ce que c'est ? C'est un feutre. 4) Qu'est-ce que c'est ? C'est un sandwich. 5) Qu'est-ce que c'est ? C'est une équerre. 6) Qu'est-ce que c'est ? C'est un tube de colle. 7) Qu'est-ce que c'est ? C'est une règle. 8) Qu'est-ce que c'est ? C'est une photo.

FICHE N° 2 (page 52)

Exercice 1

Horizontalement : 7 + 7 = 14 ; 5 + 9 = 14 ;
12 + 16 = 28
Verticalement : 7 + 5 = 12 ; 7 + 9 = 16 ;
14 + 14 = 28

Exercice 2

a) 17 - 15 - 13 - 11- 9 - 7 - 5 - 3 (-2)
b) 30 - 27 - 24 - 21 - 18 - 15 - 12 - 9 (-3)
c) 2 - 3 - 5 - 8 - 12 - 17 - 23 - 30 (on ajoute 1, puis 2, puis 3, etc.)
d) 1 - 3 - 6 - 8 - 11 - 13 - 16 - 18 (on ajoute une fois 2, puis 3, puis à nouveau 2, puis 3, etc.)

Exercice 3

sept	+	huit	+	trois	= 18
+		+		+	
deux	+	six	+	dix	= 18
+		+		+	
neuf	+	quatre	+	cinq	= 18
=		=		=	
18		18		18	

Exercice 4

Le résultat est seulement composé du chiffre initial.

FICHE N° 4 (page 54)

a) Classe A :

1) Le professeur a les lunettes sur la tête.
2) Il y a 5 dessins au tableau.
3) Il y a 7 livres sur la table du professeur.
4) Il y a une radio-cassette sous la table du professeur. 5) Il y a 10 élèves.

Classe B :

1) Le professeur a les lunettes dans la main.
2) Il y a 4 dessins au tableau.
3) Il y a 5 livres sur la table du professeur.
4) Il y a une radio-cassette à côté de la table du professeur. 5) Il y a 8 élèves.

b) La règle est à gauche du tableau, le sac est à gauche du 1er élève, suspendu à son bureau et la calculette est sur la table n° 3, à gauche de la feuille.

FICHE N° 5 (page 55)

Les couleurs cachées

Horizontalement : rose, violet, marron, gris, rouge
Verticalement : vert, orange, bleu, jaune, noir, blanc

Les couleurs croisées

Horizontalement : marron, gris, violet, orange, rose
Verticalement : vert, jaune, noir, rouge

FICHE N° 6 (page 56)

Horizontalement : hiver, heure, février, automne, août
Verticalement : samedi, secondes, midi, été
En diagonale : jeudi

1) février 2) secondes 3) été 4) jeudi
5) automne 6) août 7) midi 8) heures
9) samedi 10) hiver

FICHE N° 7 (page 57)

1) un docteur 2) une architecte 3) un mécanicien 4) un maçon 5) une journaliste
6) un commerçant 7) un électricien
8) une informaticienne 9) un footballeur
10) un chauffeur 11) un employé de bureau
12) une infirmière

GRAMMAIRE

FICHE N° 1 (page 58)
1) Elle 2) Il 3) Paul 4) Elle est 5) C'
6) Moi, je 7) C' 8) Tu 9) Aimes 10) J'
11) Tu 12) tu t' 13) Marie 14) Il est étu-
diant 15) C' 16) qui est-ce 17) Comment
18) Qu'est-ce que c'est 19) grande table
20) C'est un

FICHE N° 2 (page 59)
1) Tu 2) Elles 3) écoutent 4) sont 5) Ils
6) les voisins 7) tu as 8) Moi, j'ai 9) a
10) es 11) a 12) est sale 13) sales 14) n'
15) Ils ne sont 16) parle pas 17) des
18) mes 19) Ses amis 20) ta 21) Sa
22) Ses

FICHE N° 3 (page 60)
1) Quelle 2) Quels 3) Quel 4) Tu 5) J' 6) l'
7) Les 8) n'a 9) n'est 10) fermez 11) Écoute
12) Nous avons 13) êtes 14) avons
15) sommes 16) Nous ne regardons 17) Ils
ont 18) n'ai 19) êtes 20) chantez

FICHE N° 4 (page 61)
1) blanc 2) noirs 3) vert 4) grise 5) regardez
6) téléphone 7) parlez 8) dessinez
9) regarde 10) On 11) a 12) on est 13) Tu
te 14) il 15) vous 16) Je m' 17) vous vous
18) se rencontrent 19) Nous ne nous
20) me rappelle pas

FICHE N° 5 (page 62)
1) qui est-ce 2) qu'est-ce que c'est
3) Qu'est-ce 4) Qu'est-ce 5) Est-ce qu'
6) Qu'est-ce que 7) parce qu' 8) parce qu'
9) Pourquoi 10) Combien 11) de 12) d'
13) dans 14) à droite 15) à gauche
16) devant 17) Où 18) dans 19) sur
20) à côté

FICHE N° 6 (page 63)
1) Qui 2) qui est-ce 3) Est-ce que 4) Qu'est-
ce qu' 5) Où 6) qu'est-ce que c'est 7) Qu'est-
ce que 8) Quelle 9) Quand 10) Combien
11) Pourquoi 12) parce que 13) vont 14) vais
15) vas 16) lycée 17) bibliothèque 18) chez
le 19) aux 20) au

N° d'éditeur : 10128986 - Novembre 2005
Imprimé en France par Hérissey - N° 100661